8° Z
10.380 (12)

LETTRES
ÉCRITES DE LA
MONTAGNE.

PAR J. J. ROUSSEAU.

SECONDE PARTIE.

VITAM
IMPENDERE
VERO.

A AMSTERDAM,
Chez MARC MICHEL REY.
MDCCLXIV.

ESSAIS
DE MICHEL DE MONTAIGNE

SECOND VOLUME

LETTRES
ÉCRITES DE LA
MONTAGNE.

SECONDE PARTIE.

SEPTIEME LETTRE.

Vous m'aurez trouvé diffus, Monsieur; mais il falloit l'être, & les sujets que j'avois à traiter ne se discutent pas par des épigrammes. D'ailleurs ces sujets m'éloignoient moins qu'il ne semble de celui qui vous intéresse. En parlant de moi je pensois à vous; & votre question tenoit si bien à la mienne, que l'une est déja résolue avec l'autre, il ne me reste que la conséquence à tirer. Par tout où l'innocence n'est pas en sûreté, rien n'y peut être; par tout où les Loix font violées impunément, il n'y a plus de liberté.

Cependant comme on peut féparer l'intérêt d'un particulier de celui du public, vos idées fur ce point font encore incertaines; vous perfiftez à vouloir que je vous aide à les fixer. Vous demandez quel eft l'état préfent de votre République, & ce que doivent faire fes Citoyens? Il eft plus aifé de répondre à la premiere queftion qu'à l'autre.

Cette premiere queftion vous embarraffe fûrement moins par elle-même que par les folutions contradictoires qu'on lui donne autour de vous. Des Gens de très bon fens vous difent; nous fommes le plus libre de tous les peuples, & d'autres Gens de très bon fens vous difent; nous vivons fous le plus dur efclavage. Lefquels ont raifon, me demandez-vous? Tous, Monfieur; mais à différens égards: une diftinction très simple les concilie. Rien n'est plus libre que votre état légitime ; rien n'est plus servile que votre état actuel.

Vos loix ne tiennent leur autorité que de vous; vous ne reconnoissez que celles que vous faites; vous ne payez que les droits que vous imposez; vous élisez les Chefs qui vous gouvernent; ils n'ont droit de vous juger que par des formes prescrites. En Conseil général vous êtes Législateurs, Souverains, indépendans de toute puissance humaine; vous ratifiez les traités, vous décidez de la paix & de la guerre ; vos Magistrats eux-mêmes vous traitent de *Magnifiques, très honorés & souverains Seigneurs*. Voila votre liberté: voici votre servitude.

Le corps chargé de l'exécution de vos Loix en est l'interpréte & l'arbitre suprême ; il les fait parler comme il lui plait; il peut les faire

SEPTIEME

taire; il peut même les violer sans que vous puissiez y mettre ordre; il est au dessus des Loix.

Les Chefs que vous élisez ont, indépendamment de votre choix, d'autres pouvoirs qu'ils ne tiennent pas de vous, & qu'ils étendent aux dépends de ceux qu'ils en tiennent. Limités dans vos élections à un petit nombre d'hommes, tous dans les mêmes principes & tous animés du même intérêt, vous faites avec un grand appareil un choix de peu d'importance. Ce qui importeroit dans cette affaire seroit de pouvoir rejetter tous ceux entre lesquels on vous force de choisir. Dans une élection libre en apparence vous êtes si gênés de toutes parts que vous ne pouvez pas même élire un premier Syndic ni un Syndic de la Garde : le Chef de la République & le Commandant de la Place ne sont pas à votre choix.

LETTRE.

Si l'on n'a pas le droit de mettre sur vous de nouveaux impôts, vous n'avez pas celui de rejetter les vieux. Les finances de l'Etat sont sur un tel pied que sans votre concours elles peuvent suffire à tout. On n'a donc jamais besoin de vous ménager dans cette vue, & vos droits à cet égard se réduisent à être exempts en partie & à n'être jamais nécessaires.

Les procédures qu'on doit suivre en vous jugeant sont prescrites; mais quand le Conseil veut ne les pas suivre personne ne peut l'y contraindre, ni l'obliger à réparer les irrégularités qu'il commet. Là-dessus je suis qualifié pour faire preuve, & vous savez si je suis le seul.

En Conseil général votre Souveraine puissance est enchaînée : vous ne pouvez agir que quand il plait à vos Magistrats, ni parler que quand ils vous interrogent. S'ils veulent même ne point assembler de Conseil général, votre autorité votre exiſtence eſt anéantie, ſans que vous puiſſiez leur oppoſer que de vains murmures qu'ils ſont en poſſeſſion de mépriſer.

Enfin ſi vous êtes Souverains Seigneurs dans l'aſſemblée, en ſortant de-là vous n'êtes plus rien. Quatre heures par an Souverains ſubordonnés, vous êtes ſujets le reſte de la vie & livrés ſans réſerve à la diſcrétion d'autrui.

Il vous eſt arrivé, Meſſieurs, ce qu'il arrive à tous les Gouvernemens ſemblables au vôtre. D'abord la puiſſance Légiſlative & la puiſſance exécutive qui conſtituent la ſouveraineté n'en ſont pas diſtinctes. Le Peuple Souverain veut par lui-même, & par lui-même il fait ce qu'il veut. Bientôt l'incommodité de ce concours de tous à toute choſe force le Peuple Souverain de charger quelques-uns de ſes membres d'exécuter ſes volontés. Ces Officiers, après avoir rempli leur commiſſion en rendent compte, & rentrent dans la commune égalité. Peu-à-peu ces commiſſions deviennent fréquentes, enfin permanentes. Inſenſiblement il ſe forme un corps qui agit toujours. Un corps qui agit toujours ne peut pas rendre compte de chaque acte : il ne rend plus compte que des principaux ; bientôt il vient à bout de n'en rendre d'aucun. Plus la puiſſance qui agit eſt active, plus elle énerve la puiſſance qui veut. La volonté d'hier eſt cenſée être auſſi celle d'aujourd'hui ; au lieu que l'acte d'hier ne diſpenſe pas d'agir aujourd'hui. Enfin l'inaction de la puiſſance qui veut la ſoumet à la puiſſance qui exécute ; celle-ci rend peu-à-peu ſes actions indépendantes, bientôt ſes volontés : au lieu d'agir pour la puiſſance qui veut, elle agit ſur elle. Il ne reſte alors dans l'Etat qu'une puiſſance

SEPTIEME

agissante, c'est l'exécutive. La puissance exécutive n'est que la force, & où regne la seule force l'Etat est dissout. Voila, Monsieur, comment périssent à la fin tous les Etats démocratiques.

Parcourez les annales du vôtre, depuis le tems où vos Syndics, simples procureurs établis par la Communauté pour vaquer à telle ou telle affaire, lui rendoient compte de leur Commission le chapeau bas, & rentroient à l'instant dans l'ordre des particuliers, jusqu'à celui où ces mêmes Syndics, dédaignant les droits de Chefs & de Juges qu'ils tiennent de leur élection, leur préferent le pouvoir arbitraire d'un corps dont la Communauté n'élit point les membres, & qui s'établit au dessus d'elle contre les Loix: suivez les progrès qui séparent ces deux termes, vous connoitrez à quel point vous en êtes & par quels dégrés vous y êtes parvenus.

LETTRE.

Il y a deux siécles qu'un Politique auroit pu prévoir ce qui vous arrive. Il auroit dit; l'Institution que vous formez est bonne pour le présent, & mauvaise pour l'avenir; elle est bonne pour établir la liberté publique, mauvaise pour la conserver, & ce qui fait maintenant votre sûreté sera dans peu la matiere de vos chaines. Ces trois corps qui rentrent tellement l'un dans l'autre, que du moindre dépend l'activité du plus grand, sont en équilibre, tant que l'action du plus grand est nécessaire & que la Législation ne peut se passer du Législateur. Mais quand une fois l'établissement sera fait, le corps qui l'a formé manquant de pouvoir pour le maintenir, il faudra qu'il tombe en ruine, & ce seront vos Loix mêmes qui causeront votre destruction. Voila précisément ce qui vous est arrivé. C'est, sauf la disproportion, la chute du Gouvernement Polonois par l'extrémité contraire. La constitution de la République de Pologne n'est bonne que pour un Gouvernement où il n'y a plus rien à faire. La vôtre, au contraire, n'est bonne qu'autant que le Corps législatif agit toujours.

Vos Magistrats ont travaillé de tous les tems & sans relâche à faire passer le pouvoir suprême du Conseil général au petit Conseil par la gradation du Deux-Cent; mais leurs efforts ont eu des effets différens, selon la maniere dont ils s'y sont pris. Presque toutes leurs entreprises d'éclat ont échoué, parce qu'alors ils ont trouvé de la résistance, & que dans un Etat tel que le vôtre, la résistance publique est toujours sûre, quand elle est fondée sur les Loix.

La raison de ceci est évidente. Dans tout Etat la Loi parle où parle le Souverain. Or dans une Démocratie où le Peuple est Souverain, quand les divisions intestines suspendent toutes les formes & font taire toutes les autorités, la sienne seule demeure, & où se porte alors le plus grand nombre, là réside la Loi & l'autorité.

Que si les Citoyens & Bourgeois réunis ne sont pas le Souverain, les Conseils sans les Citoyens & Bourgeois le sont beaucoup moins encore, puisqu'ils n'en font que la moindre partie en quantité. Sitôt qu'il s'agit de l'autorité suprême, tout rentre à Genève dans l'égalité, selon les termes de l'Edit. *Que tous soient contens en dégré de Citoyens & Bourgeois, sans vouloir se préférer & s'attribuer quelque autorité & Seigneurie par dessus les autres.* Hors du Conseil général, il n'y a point d'autre Souverain que la Loi, mais quand la Loi même est attaquée par ses Ministres, c'est au Législateur à la soutenir. Voila ce qui fait que partout où regne une véritable liberté, dans les entreprises marquées le Peuple a presque toujours l'avantage.

Mais ce n'est pas par des entreprises marquées que vos Magistrats ont amené les choses au point où elles sont ; c'est par des efforts modérés & continus, par des changemens presque insensibles dont vous ne pouviez prévoir la conséquence, & qu'à peine même pouviez-vous remarquer. Il n'est pas possible au Peuple de se tenir sans cesse en garde contre tout ce qui se fait, & cette vigilance lui tourneroit même à reproche. On l'accuseroit d'être inquiet & remuant, toujours prêt à s'allarmer sur des riens. Mais de ces riens-là sur lesquels on se tait, le Conseil fait avec le tems faire quelque chose. Ce qui se passe actuellement sous vos yeux en est la preuve.

LETTRE.

Toute l'autorité de la République réside dans les Syndics qui sont élus dans le Conseil général. Ils y prêtent serment parce qu'il est leur seul Supérieur, & ils ne le prêtent que dans ce Conseil, parce que c'est à lui seul qu'ils doivent compte de leur conduite, de leur fidélité à remplir le serment qu'ils y ont fait. Ils jurent de rendre bonne & droite justice; ils sont les seuls Magistrats qui jurent cela dans cette assemblée, parce qu'ils sont les seuls à qui ce droit soit conféré par le Souverain (a), & qui l'exercent sous sa seule au-

---

(a) Il n'est conféré à leur Lieutenant qu'en sous-ordre, & c'est pour cela qu'il ne prête point serment en Conseil général. *Mais*, dit l'Auteur des Lettres, *le serment que prêtent les membres du Conseil est-il moins obligatoire, & l'exécution des engagemens contractés avec la divinité même dépend-elle du lieu dans lequel on les contracte?* Non, sans doute, mais s'enfuit-il qu'il soit indifférent dans quels lieux & dans quelles mains le serment soit prêté, & ce choix ne marque-t-il pas ou par qui l'autorité est conférée, ou à qui l'on doit compte de l'usage qu'on

torité. Dans le jugement public des criminels ils jurent encore feuls devant le Peuple, en fe levant (*b*) & hauffant leurs bâtons, *d'avoir fait droit jugement, fans haine ni faveur, priant Dieu de les punir s'ils ont fait au contraire*; & jadis les fentences criminelles fe rendoient en leur nom feul, fans qu'il fut fait mention d'autre Confeil que de celui des Citoyens, comme on le voit par la fentence de Morelli ci-devant tranfcrite, & par celle de Valentin Gentil rapportée dans les opufcules de Calvin.

Or vous fentez bien que cette puiffance excluſive, ainfi reçue immédiatement du Peuple, gêne beaucoup les prétentions du Con-

---

en fait? A quels hommes d'Etat avons-nous à faire s'il faut leur dire ces chofes-là? Les ignorent-ils, ou s'ils feignent de les ignorer?

(*b*) Le Confeil eft préfent auffi, mais fes membres ne jurent point & demeurent affis.

feil. Il est donc naturel que pour se délivrer de cette dépendance il tâche d'affoiblir peu-à-peu l'autorité des Syndics; de fondre dans le Conseil la jurisdiction qu'ils ont reçue, & de transmettre insensiblement à ce corps permanent, dont le Peuple n'élit point les membres, le pouvoir grand mais passager des Magistrats qu'il élit. Les Syndics eux-mêmes, loin de s'opposer à ce changement doivent aussi le favoriser ; parce qu'ils sont Syndics seulement tous les quatre ans, & qu'ils peuvent même ne pas l'être ; au lieu que, quoi qu'il arrive, ils sont Conseillers toute leur vie, le Grabeau n'étant plus qu'un vain cérémonial (c).

(c) Dans la premiere Institution, les quatre Syndics nouvellement élus & les quatre anciens Syndics rejettoient tous les ans huit membres des seize restans du petit Conseil & en proposoient huit nouveaux, lesquels passoient ensuite aux suffrages des

SEPTIEME

Cela gagné, l'élection des Syndics deviendra de même une cérémonie tout auffi vaine que l'eft déja la tenue des Confeils généraux,

---

Deux-Cens, pour être admis ou rejettés. Mais infenfiblement on ne rejetta des vieux Confeillers que ceux dont la conduite avoit donné prife au blâme, & lorfqu'ils avoient commis quelque faute grave, on n'attendoit pas les élections pour les punir; mais on les mettoit d'abord en prifon, & on leur faifoit leur procès comme au dernier particulier. Par cette regle d'anticiper le châtiment & de le rendre févere, les Confeillers reftés étant tous irréprochables ne donnoient aucune prife à l'exclufion : ce qui changea cet ufage en la formalité cérémonieufe & vaine qui porte aujourd'hui le nom de *Grabeau*. Admirable effet des Gouvernemens libres, où les ufurpations mêmes ne peuvent s'établir qu'à l'appui de la vertu !

Au refte le droit réciproque des deux Confeils empêcheroit feul aucun des deux d'ofer s'en fervir fur l'autre finon de confert avec lui, de peur de s'expofer aux réprésailles. Le Grabeau ne fert proprement qu'à les tenir bien unis contre la bourgeoifie, & à faire fauter l'un par l'autre les membres qui n'auroient pas l'efprit du corps.

LETTRE.

raux, & le petit Conseil verra fort paisiblement les exclusions ou préférences que le Peuple peut donner pour le Syndicat à ses membres, lorsque tout cela ne décidera plus de rien.

Il a d'abord pour parvenir à cette fin un grand moyen dont le Peuple ne peut connoître: c'est la police intérieure du Conseil, dont, quoique réglée par les Edits, il peut diriger la forme à son gré (*d*), n'ayant aucun surveillant qui l'en empêche; car quant au Procureur général, on doit en ceci le compter pour rien (*e*). Mais cela ne suffit pas

---

(*d*) C'est ainsi que dès l'année 1655 le petit Conseil & le Deux-Cent établirent dans leurs Corps la balote & les billets, contre l'Edit.

(*e*) Le Procureur général, établi pour être l'homme de la Loi, n'est que l'homme du Conseil. Deux causes font presque toujours exercer cette charge contre l'esprit de son institution. L'une est le vice de l'institution même qui fait de cette Magistrature

Partie II.   B

SEPTIEME

encore ; il faut accoutumer le Peuple même à ce transport de jurisdiction. Pour cela on ne commence pas par ériger dans d'importantes affaires des Tribunaux composés de seuls Conseillers, mais on en érige d'abord de moins remarquables sur des objets peu intéressans. On fait ordinairement présider ces Tribunaux par un Syndic auquel on substitue un dégré pour parvenir au Conseil : au lieu qu'un Procureur général ne devoit rien voir au dessus de sa place & qu'il devoit lui être interdit par la Loi d'aspirer à nulle autre. La seconde cause est l'imprudence du Peuple qui confie cette charge à des hommes apparentés dans le Conseil, ou qui sont de familles en possession d'y entrer, sans considérer qu'ils ne manqueront pas ainsi d'employer contre lui les armes qu'il leur donne pour sa défense. J'ai ouï des Génevois distinguer l'homme du peuple d'avec l'homme de la Loi, comme si ce n'étoit pas la même chose. Les Procureurs généraux devroient être durant leurs six ans les Chefs de la Bourgeoisie, & devenir son conseil après cela : mais ne la voila-t-il pas bien protégée & bien conseillée, & n'a-t-elle pas fort à se féliciter de son choix ?

quelquefois un ancien Syndic, puis un Conseiller, sans que personne y fasse attention; on repette sans bruit cette manœuvre jusqu'à ce qu'elle fasse usage; on la transporte au criminel. Dans une occasion plus importante on érige un Tribunal pour juger des Citoyens. A la faveur de la Loi des récusations on fait présider ce Tribunal par un Conseiller. Alors le Peuple ouvre les yeux & murmure. On lui dit, dequoi vous plaignez-vous? Voyez les exemples; nous n'innovons rien.

Voila, Monsieur, la politique de vos Magistrats. Ils font leurs innovations peu-à-peu, lentement, sans que personne en voye la conséquence; & quand enfin l'on s'en apperçoit & qu'on y veut porter remede; ils crient qu'on veut innover.

Et voyez, en effet, sans sortir de cet exemple, ce qu'ils ont dit à cette occasion. Ils s'appuyoient sur la Loi des récusations; on leur répond; la Loi fondamentale de l'Etat veut que les Citoyens ne soient jugés que par leurs Syndics. Dans la concurrence de ces deux Loix celle-ci doit exclure l'autre; en pareil cas pour les observer toutes deux on devroit plutôt élire un Syndic *ad actum*. A ce mot, tout est perdu! Un Syndic *ad actum*! innovation! Pour moi, je ne vois rien là de si nouveau qu'ils disent: si c'est le mot, on s'en sert tous les ans aux élections; & si c'est la chose, elle est encore moins nouvelle; puisque les premiers Syndics qu'ait eu la Ville n'ont été Syndics qu'*ad actum* : Lorsque le Procureur général est recusable, n'en faut-il pas un autre *ad actum* pour faire ses fonctions; & les adjoints tirés du Deux-Cent pour remplir les Tribunaux, que font-ils autre chose que des Conseillers *ad actum*? Quand un nouvel abus s'introduit ce n'eſt point innover que d'y propoſer un nouveau remede ; au contraire, c'eſt chercher à rétablir les choſes ſur l'ancien pied. Mais ces Meſſieurs n'aiment point qu'on fouille ainſi dans les antiquités de leur Ville : Ce n'eſt que dans celles de Carthage & de Rome qu'ils permettent de chercher l'explication de vos Loix.

Je n'entreprendrai point le parallele de celles de leurs entrepriſes qui ont manqué & de celles qui ont réuſſi : quand il y auroit compenſation dans le nombre, il n'y en auroit point dans l'effet total. Dans une entrepriſe exécutée ils gagnent des forces ; dans une entrepriſe manquée ils ne perdent que du tems. Vous, au contraire, qui ne cherchez & ne pouvez chercher qu'à maintenir votre conſtitution, quand vous perdez, vos pertes ſont réelles, & quand vous gagnez, vous ne gagnez rien. Dans un progrès de cette espece comment espérer de rester au même point?

De toutes les époques qu'offre à méditer l'histoire instructive de votre Gouvernement, la plus remarquable par sa cause & la plus importante par son effet, est celle qui a produit le réglement de la Médiation. Ce qui donna lieu primitivement à cette célebre époque fut une entreprise indiscrete, faite hors de tems par vos Magistrats. Avant d'avoir assez affermi leur puissance ils voulurent usurper le droit de mettre des impôts. Au lieu de réserver ce coup pour le dernier l'avidité le leur fit porter avant les autres, & précisément après une commotion qui n'étoit pas bien assoupie. Cette faute en attira de plus grandes, difficiles à réparer. Comment de si fins politiques ignoroient-ils une maxime aussi simple que celle qu'ils choquerent en cette occasion? Par tout pays le peuple ne s'apperçoit qu'on attente à sa liberté que lorsqu'on attente à sa bourse; ce qu'aussi les usurpateurs adroits se gardent bien de faire que tout le reste ne soit fait. Ils voulurent renverser cet ordre & s'en trouverent mal (*f*). Les suites de cette affaire produisirent les mouvemens de 1734 & l'affreux complot qui en fut le fruit.

Ce fut une seconde faute pire que la premiere. Tous les avantages du tems sont pour eux; ils se les ôtent dans les entreprises brus-

___

(*f*) L'objet des impôts établis en 1716 étoit la dépense des nouvelles fortifications : Le plan de ces nouvelles fortifications étoit immense & il a été exécuté en partie. De si vastes fortifications rendoient nécessaire une grosse garnison, & cette grosse garnison avoit pour but de tenir les Citoyens & Bourgeois sous le joug. On parvenoit par cette voye à former à leurs dépends les fers qu'on leur préparoit. Le projet étoit bien lié, mais il marchoit dans un ordre rétrograde. Aussi n'a-t-il pu réussir.

ques, & mettent la machine dans le cas de se remonter tout d'un coup: c'eſt ce qui faillit arriver dans cette affaire. Les événemens qui précéderent la Médiation leur firent perdre un ſiécle & produiſirent un autre effet défavorable pour eux. Ce fut d'apprendre à l'Europe que cette Bourgeoiſie qu'ils avoient voulu détruire & qu'ils peignoient comme une populace effrénée, ſavoit garder dans ſes avantages la modération qu'ils ne connurent jamais dans les leurs.

Je ne dirai pas ſi ce recours à la Médiation doit être compté comme une troiſieme faute. Cette Médiation fut ou parut offerte; ſi cette offre fut réelle ou ſollicitée c'eſt ce que je ne puis ni ne veux pénétrer : je ſais ſeulement que tandis que vous couriez le plus grand danger tout garda le ſilence, & que ce ſilence ne fut rompu que quand le danger paſſa dans l'autre parti. Du reſte, je veux d'autant moins imputer à vos Magiſtrats d'avoir imploré la Médiation, qu'oſer même en parler eſt à leurs yeux le plus grand des crimes.

Un Citoyen ſe plaignant d'un empriſonnement illégal injuſte & deshonorant, demandoit comment il falloit s'y prendre pour recourir à la garantie. Le Magiſtrat auquel il s'adreſſoit oſa lui répondre que cette ſeule propoſition méritoit la mort. Or vis-à-vis du Souverain le crime ſeroit auſſi grand & plus grand, peut-être, de la part du Conſeil que de la part d'un ſimple particulier; & je ne vois pas où l'on en peut trouver un digne de mort dans un ſecond recours, rendu légitime par la garantie qui fut l'effet du premier.

Encore un coup, je n'entreprends point de diſcuter une queſtion ſi délicate à traiter

B 5

& si difficile à résoudre. J'entreprends simplement d'examiner, sur l'objet qui nous occupe, l'état de votre Gouvernement, fixé ci-devant par le réglement des Plénipotentiaires, mais dénaturé maintenant par les nouvelles entreprises de vos Magistrats. Je suis obligé de faire un long circuit pour aller à mon but; mais daignez me suivre, & nous nous retrouverons bien.

Je n'ai point la témérité de vouloir critiquer ce réglement; au contraire, j'en admire la sagesse & j'en respecte l'impartialité. J'y crois voir les intentions les plus droites & les dispositions les plus judicieuses. Quand on sait combien de choses étoient contre vous dans ce moment critique, combien vous aviez de préjugés à vaincre, quel crédit à surmonter, que de faux exposés à détruire; quand on se rappelle avec quelle confiance vos adversaires comptoient vous écraſer par les mains d'autrui, l'on ne peut qu'honorer le zele la conſtance & les talens de vos défenſeurs, l'équité des Puiſſances médiatrices & l'intégrité des Plénipotentiaires qui ont conſommé cet ouvrage de paix.

Quoi qu'on en puiſſe dire, l'Edit de la Médiation a été le ſalut de la République, & quand on ne l'enfreindra pas il en ſera la conſervation. Si cet Ouvrage n'eſt pas parfait en lui-même, il l'eſt rélativement; il l'eſt quant aux tems aux lieux aux circonſtances; il eſt le meilleur qui vous put convenir. Il doit vous être inviolable & ſacré par prudence, quand il ne le ſeroit pas par néceſſité, & vous n'en devriez pas ôter une Ligne, quand vous feriez les maîtres de l'anéantir. Bien plus, la raiſon même qui le rend néceſſaire, le rend néceſſaire dans ſon entier. Comme tous les articles balancés forment l'équilibre, un seul article altéré le détruit. Plus le réglement est utile, plus il seroit nuisible ainsi mutilé. Rien ne seroit plus dangereux que plusieurs articles pris séparément & détachés du corps qu'ils affermissent. Il vaudroit mieux que l'édifice fut rasé qu'ébranlé. Laissez ôter une seule pierre de la voûte, & vous serez écrasés sous ses ruines.

Rien n'est plus facile à sentir par l'examen des articles dont le Conseil se prévaut & de ceux qu'il veut éluder. Souvenez-vous, Monsieur, de l'esprit dans lequel j'entreprends cet examen. Loin de vous conseiller de toucher à l'Edit de la Médiation, je veux vous faire sentir combien il vous importe de n'y laisser porter nulle atteinte. Si je parois critiquer quelques articles, c'est pour montrer de quelle conséquence il seroit d'ôter ceux qui les rectifient. Si je parois propofer des expédiens qui ne s'y rapportent pas, c'eft pour montrer la mauvaife foi de ceux qui trouvent des difficultés infurmontables où rien n'eft plus aifé que de lever ces difficultés. Après cette explication j'entre en matiere fans fcrupule, bien perfuadé que je parle à un homme trop équitable pour me prêter un deffein tout contraire au mien.

Je fens bien que fi je m'adreffois aux étrangers il conviendroit pour me faire entendre de commencer par un tableau de votre conftitution; mais ce tableau fe trouve déja tracé fuffifamment pour eux dans l'article Genéve de M. d'Alembert, & un expofé plus détaillé feroit fuperflu pour vous qui connoiffez vos Loix politiques mieux que moi-même, ou qui du moins en avez vu le jeu de plus près. Je me borne donc à parcourir les articles du réglement qui tiennent à la question présente & qui peuvent le mieux en fournir la solution.

Dès le premier je vois votre Gouvernement composé de cinq ordres subordonnés mais indépendans, c'est-à-dire existans nécessairement, dont aucun ne peut donner atteinte aux droits & attributs d'un autre, & dans ces cinq ordres je vois compris le Conseil général. Dès-là je vois dans chacun des cinq une portion particuliere du Gouvernement; mais je n'y vois point la Puissance constitutive qui les établit, qui les lie, & de laquelle ils dépendent tous: je n'y vois point le Souverain. Or dans tout Etat politique il faut une Puissance suprême, un centre où tout se rapporte, un principe d'où tout dérive, un Souverain qui puisse tout.

Figurez-vous, Monsieur, que quelqu'un

vous rendant compte de la conſtitution de l'Angleterre vous parle ainſi. „ Le Gouver- „ nement de la Grande Bretagne eſt compoſé „ de quatre Ordres dont aucun ne peut at- „ tenter aux droits & attributions des autres ; „ ſavoir, le Roi, la Chambre haute, la Cham- „ bre baſſe, & le Parlement ". Ne diriez-vous pas à l'inſtant ; vous vous trompez : il n'y a que trois Ordres. Le Parlement qui, lorſque le Roi y ſiége, les comprend tous, n'en eſt pas un quatrieme : il eſt le tout ; il eſt le pouvoir unique & ſuprême duquel chacun tire ſon exiſtence & ſes droits. Revêtu de l'autorité légiſlative, il peut changer même la Loi fon- damentale en vertu de laquelle chacun de ces ordres exiſte ; il le peut, & de plus, il l'a fait.

Cette réponſe eſt juſte, l'application en eſt claire ; & cependant il y a encore cette diffé- rence que le Parlement d'Angleterre n'eſt ſouverain qu'en vertu de la Loi & seulement par attribution & députation. Au lieu que le Conseil général de Genève n'est établi ni député de personne; il est souverain de son propre chef: il est la Loi vivante & fondamentale qui donne vie & force à tout le reste, & qui ne connoit d'autres droits que les siens. Le Conseil général n'est pas un ordre dans l'Etat, il est l'Etat même.

L'Article second porte que les Syndics ne pourront être pris que dans le Conseil des Vingt-cinq. Or les Syndics sont des Magistrats annuels que le peuple élit & choisit, non seulement pour être ses juges, mais pour être ses Protecteurs au besoin contre les membres perpétuels des Conseils, qu'il ne choisit pas (g). L'ef-

---

(g) En attribuant la nomination des membres du petit Conseil au Deux-Cent rien n'étoit plus aisé

L'effet de cette restriction dépend de la différence qu'il y a entre l'autorité des membres du Conseil & celle des Syndics. Car si la différence n'est très grande, & qu'un Syndic n'estime plus son autorité annuelle comme Syndic que son autorité perpétuelle comme Conseiller, cette élection lui sera presque indifférente; il fera peu pour l'obtenir & ne fera rien pour la justifier. Quand tous les membres du Conseil animés du même esprit suivront les

___

que d'ordonner cette attribution selon la Loi fondamentale. Il suffisoit pour cela d'ajouter qu'on ne pourroit entrer au Conseil qu'après avoir été Auditeur. De cette maniere la gradation des charges étoit mieux observée, & les trois Conseils concouroient aux choix de celui qui fait tout mouvoir; ce qui étoit non seulement important mais indispensable, pour maintenir l'unité de la constitution. Les Génevois pourront ne pas sentir l'avantage de cette clause; vu que le choix des Auditeurs est aujourd'hui de peu d'effet; mais on l'eut considéré bien différemment quand cette charge fut devenue la seule porte du Conseil.

mêmes maximes, le Peuple, sur une conduite commune à tous ne pouvant donner d'exclusion à personne, ni choisir que des Syndics déja Conseillers, loin de s'assurer par cette élection des Patrons contre les attentats du Conseil, ne fera que donner au Conseil de nouvelles forces pour opprimer la liberté.

Quoique ce même choix, eut lieu pour l'ordinaire dans l'origine de l'institution, tant qu'il fut libre il n'eut pas la même conséquence. Quand le Peuple nommoit les Conseillers lui-même, ou quand il les nommoit indirectement par les Syndics qu'il avoit nommés, il lui étoit indifférent & même avantageux de choisir ses Syndics parmi des Conseillers déja de son choix (*b*), & il étoit sage alors de

_____

(*b*) Le petit Conseil dans son origine n'étoit qu'un choix fait entre le Peuple, par les Syndics, de quelques Notables ou Prud-hommes pour leur

LETTRE.

préférer des chefs déja versés dans les affaires : mais une considération plus importante eut dû l'emporter aujourd'hui sur celle - là. Tant il est vrai qu'un même usage a des effets différens par les changemens des usages qui s'y rapportent, & qu'en cas pareil c'est innover que n'innover pas!

L'Article III. du Réglement est plus considérable. Il traite du Conseil général légitime-

---

servir d'Assesseurs. Chaque Syndic en choisissoit quatre ou cinq dont les fonctions finissoient avec les siennes : quelquefois même il les changeoit durant le cours de son Syndicat. *Henri* dit *d'Espagne* fut le premier Conseiller à vie en 1487, & il fut établi par le Conseil général. Il n'étoit pas même nécessaire d'être Citoyen pour remplir ce poste. La Loi n'en fut faite qu'à l'occasion d'un certain Michel Guillet de Thonon, qui, ayant été mis du Conseil étroit, s'en fit chasser pour avoir usé de mille finesses ultramontaines qu'il apportoit de Rome où il avoit été nourri. Les Magistrats de la Ville, alors vrais Génevois & Peres du Peuple, avoient toutes ces subtilités en horreur.

ment assemblé : il en traite pour fixer les droits & attributions qui lui sont propres, & il lui en rend plusieurs que les Conseils inférieurs avoient usurpés. Ces droits en totalité sont grands & beaux, sans doute ; mais premièrement ils sont spécifiés, & par cela seul limités ; ce qu'on pose exclud ce qu'on ne pose pas, & même le mot *limités* est dans l'Article. Or il est de l'essence de la Puissance Souveraine de ne pouvoir être limitée : elle peut tout ou elle n'est rien. Comme elle contient éminemment toutes les puissances actives de l'Etat & qu'il n'existe que par elle, elle n'y peut reconnoître d'autres droits que les siens & ceux qu'elle communique. Autrement les possesseurs de ces droits ne feroient point partie du corps politique ; ils lui feroient étrangers par ces droits qui ne feroient pas en lui, & la personne morale manquant d'unité s'évanouiroit.

Cette limitation même est positive en ce qui concerne les Impôts. Le Conseil Souverain lui-même n'a pas le droit d'abolir eux qui étoit établis avant 1714. Le voila donc à cet égard soumis à une puissance supérieure. Quelle est cette Puissance ?

Le pouvoir Législatif consiste en deux choses inséparables: faire les Loix & les maintenir; c'est-à-dire, avoir inspection sur le pouvoir exécutif. Il n'y a point d'Etat au monde où le Souverain n'ait cette inspection. Sans cela toute liaison toute subordination manquant entre ces deux pouvoirs, le dernier ne dépendroit point de l'autre; l'exécution n'auroit aucun rapport nécessaire aux Loix; la *Loi* ne seroit qu'un mot, & ce mot ne signifieroit rien. Le Conseil général eut de tout tems ce droit de protection sur son propre ouvrage, il l'a toujours exercé: Cependant il n'en est point parlé dans cet article, & s'il n'y étoit suppléé dans un autre, par ce seul silence votre Etat seroit renversé. Ce point est important & j'y reviendrai ci-après.

Si vos droits sont bornés d'un côté dans cet Article, ils y sont étendus de l'autre par les paragraphes 3 & 4 : mais cela fait-il compensation ? Par les principes établis dans le Contract Social, on voit que malgré l'opinion commune, les alliances d'Etat à Etat, les déclarations de Guerre & les traités de paix ne sont pas des actes de souveraineté mais de Gouvernement, & ce sentiment est conforme à l'usage des Nations qui ont le mieux connu les vrais principes du Droit politique. L'exercice extérieur de la Puissance ne convient point au Peuple ; les grandes maximes d'Etat ne sont pas à sa portée ; il doit s'en rapporter là-dessus à ses chefs qui, toujours plus éclairés que lui fur ce point, n'ont guere intérêt à faire au dehors des traités défavantageux à la patrie ; l'ordre veut qu'il leur laiffe tout l'éclat extérieur & qu'il s'attache uniquement au folide. Ce qui importe effenciellement à chaque Citoyen, c'eft l'obfervation des Loix au dedans, la propriété des biens, la fûreté des particuliers. Tant que tout ira bien fur ces trois point, laiffez les Confeils négocier & traiter avec l'étranger ; ce n'eft pas delà que viendront vos dangers les plus à craindre. C'eft autour des individus qu'il faut raffembler les droits du Peuple, & quand on peut l'attaquer féparément on le fubjugue toujours. Je pourrois alléguer la fageffe des Romains qui, laiffant au Senat un grand pouvoir au dehors le forçoient dans la Ville à refpecter le dernier Citoyen ; mais n'allons pas fi loin chercher des modeles. Les Bourgeois de

Neufchâtel se sont conduits bien plus sagement sous leurs Princes que vous sous vos Magistrats (*b*). Ils ne font ni la paix ni la guerre, ils ne ratifient point les traités ; mais ils jouissent en sûreté de leurs franchises ; & comme la Loi n'a point présumé que dans une petite Ville un petit nombre d'honnêtes Bourgeois seroient des scélérats, on ne reclame point dans leurs murs, on n'y connoît pas même l'odieux droit d'emprisonner sans formalités. Chez vous on s'est toujours laissé séduire à l'apparence, & l'on a négligé l'essensenciel. On s'est trop occupé du Conseil général, & pas assez de ses membres : il falloit moins songer à l'autorité, & plus à la liberté.

(*b*) Ceci soit dit en mettant à part les abus, qu'assurément je suis bien éloigné d'approuver.

té. Revenons aux Conseils généraux.

Outre les Limitations de l'Article III, les Articles V & VI en offrent de bien plus étranges. Un corps souverain qui ne peut ni se former ni former aucune opération de lui-même, & soumis absolument, quant à son activité & quant aux matieres qu'il traite, à des tribunaux subalternes. Comme ces Tribunaux n'approuveront certainement pas des propositions qui leur seroient en particulier préjudiciables, si l'intérêt de l'Etat se trouve en conflit avec le leur le dernier a toujours la préférence, parce qu'il n'est permis au Législateur de connoître que de ce qu'ils ont approuvé.

A force de tout soumettre à la regle on détruit la premiere des regles, qui est la justice & le bien public. Quand les hommes sentiront-ils qu'il n'y a point de désordre aussi funeste que le pouvoir arbitraire, avec lequel ils

Partie II. D

penfent y remédier? Ce pouvoir eft lui-même le pire de tous les défordres: employer un tel moyen pour les prévenir, c'eft tuer les gens afin qu'ils n'aient pas la fiévre.

Une grande Troupe formée en tumulte peut faire beaucoup de mal. Dans une affemblée nombreufe, quoique réguliere, fi chacun peut dire & propofer ce qu'il veut, on perd bien du tems à écouter des folies & l'on peut être en danger d'en faire. Voila des vérités inconteftables; mais eft-ce prévenir l'abus d'une maniere raifonnable, que de faire dépendre cette affemblée uniquement de ceux qui voudroient l'anéantir, & que nul n'y puiffe rien propofer que ceux qui ont le plus grand intérêt de lui nuire? Car, Monfieur, n'eft-ce pas exactement là l'état des chofes, & y a-t-il un feul Génevois qui puiffe douter que fi l'exiftence du Confeil général dépendoit tout à-fait du petit Conseil, le Conseil général ne fut pour jamais supprimé ?

Voilà pourtant le Corps qui seul convoque ces assemblées & qui seul y propose ce qu'il lui plait : car pour le Deux-Cent il ne fait que répéter les ordres du petit Conseil, & quand une fois celui-ci sera délivré du Conseil général le Deux-Cent ne l'embarrassera gueres ; il ne fera que suivre avec lui la route qu'il a frayée avec vous.

Or qu'ai-je à craindre d'un supérieur incomode dont je n'ai jamais besoin, qui ne peut se montrer que quand je le lui permets, ni répondre que quand je l'interroge ? Quand je l'ai réduit à ce point ne puis-je pas m'en regarder comme délivré ?

Si l'on dit que la Loi de l'Etat a prévenu l'abolition des Conseils généraux en les rendant nécessaires à l'élection des Magistrats &

à la sanction des nouveaux Edits ; je réponds, quant au premier point, que toute la force du Gouvernement étant passée des mains des Magistrats élus par le Peuple dans celles du petit Conseil qu'il n'élit point & d'où se tirent les principaux de ces Magistrats, l'élection & l'assemblée où elle se fait ne sont plus qu'une vaine formalité sans consistance, & que des Conseils généraux tenus pour cet unique objet peuvent être regardés comme nuls. Je réponds encore que par le tour que prennent les choses il seroit même aisé d'éluder cette Loi sans que le cours des affaires en fut arrêté : car supposons que, soit par la rejection de tous les sujets présentés, soit sous d'autres prétextes, on ne procede point à l'élection des Syndics, le Conseil, dans lequel leur jurisdiction se fond insensiblement, ne l'exercera-t-il pas à leur défaut, comme il l'exerce dès à présent indépendamment d'eux ? N'ose-t-on pas déja vous dire que le petit Conseil, même sans les Syndics, est le Gouvernement ? Donc sans les Syndics l'Etat n'en sera pas moins gouverné. Et quant aux nouveaux Edits, je réponds qu'ils ne seront jamais assez nécessaires pour qu'à l'aide des anciens & de ses usurpations, ce même Conseil ne trouve aisément le moyen d'y suppléer. Qui se met au dessus des anciennes Loix peut bien se passer des nouvelles.

Toutes les mesures sont prises pour que vos Assemblées générales ne soient jamais nécessaires. Non seulement le Conseil périodique institué ou plutôt rétabli (*i*) l'an 1707. n'a ja-

---

(*i*) Ces Conseils périodiques sont aussi anciens que la Législation, comme on le voit par le dernier Article de l'Ordonnance ecclésiastique. Dans celle de 1576 imprimée en 1735 ces Conseils sont fixés de cinq en cinq ans; mais dans l'Ordonnance de 1561 imprimais été tenu qu'une fois & seulement pour l'abolir (*k*), mais par le paragraphe 5 du troisieme Article du réglement il a été pourvû sans vous & pour toujours aux frais de l'administration. Il n'y a que le seul cas chimérique d'une guerre indispensable où le Conseil général doive absolument être convoqué.

Le petit Conseil pourroit donc supprimer absolument les Conseils généraux sans autre inconvénient que de s'attirer quelques représentations qu'il est en possession de rebuter, ou

---

mée en 1562 ils étoient fixés de trois en trois ans. Il n'est pas raisonnable de dire que ces Conseils n'avoient pour objet que la lecture de cette Ordonnance, puisque l'impression qui en fut faite en même tems donnoit à chacun la facilité de la lire à toute heure à son aise, sans qu'on eut besoin pour cela seul de l'appareil d'un Conseil général. Malheureusement on a pris grand soin d'effacer bien des traditions anciennes qui seroient maintenant d'un grand usage pour l'éclaircissement des Edits.

(*k*) J'examinerai ci-après cet Edit d'abolition.

d'exciter quelques vains murmures qu'il peut mépriser sans risque; car par les articles VII. XXIII. XXIV. XXV. XLIII. toute espece de résistance est défendue en quelque cas que ce puisse être, & les ressources qui sont hors de la constitution n'en font pas partie & n'en corrigent pas les défauts.

Il ne le fait pas, toutefois, parce qu'au fond cela lui est très indifférent, & qu'un simulacre de liberté fait endurer plus patiemment la servitude. Il vous amuse à peu de frais, soit par des élections sans conséquence quant au pouvoir qu'elles conferent & quant au choix des sujets élus, soit par des Loix qui paroissent importantes, mais qu'il a soin de rendre vaines, en ne les observant qu'autant qu'il lui plait.

D'ailleurs on ne peut rien proposer dans ces assemblées, on n'y peut rien discuter, on n'y peut délibérer fur rien. Le petit Confeil y préfide, & par lui-même, & par les Syndics qui n'y portent que l'efprit du corps. Là-même il eft Magiftrat encore & maître de fon Souverain. N'eft-il pas contre toute raifon que le corps exécutif regle la police du corps Légiflatif, qu'il lui prefcrive les matieres dont il doit connoître, qu'il lui interdife le droit d'opiner, & qu'il exerce fa puiffance abfolue jufques dans les actes faits pour la contenir?

Qu'un corps fi nombreux (*I*) ait befoin de

(*I*) Les Confeils généraux étoient autrefois très fréquens à Genève, & tout ce qui fe faifoit de quelque importance y étoit porté. En 1707 M. le Syndic Chouet difoit dans une harangue devenue célebre que de cette fréquence venoit jadis la foibleffe & le malheur de l'Etat; nous verrons bientôt ce qu'il en faut croire. Il infifte auffi fur l'extrême augmentation du nombre des membres, qui rendroit aujourd'hui cette fréquence impoffible, affirmant qu'autrefois cette affemblée ne paffoit pas deux à trois

police & d'ordre, je l'accorde: Mais que cette police & cet ordre ne renverſent pas le

---

cents, & qu'elle eſt à préſent de treize à quatorze cents. Il y a des deux côtés beaucoup d'exagération.

Les plus anciens Conſeils généraux étoient au moins de cinq à ſix cents membres; on feroit peut-être bien embarraſſé d'en citer un ſeul qui n'ait été que de deux ou trois cents. En 1420 on y en compta 720 ſtipulans pour tous les autres, & peu de tems après on reçut encore plus de deux cents Bourgeois.

Quoique la Ville de Genève ſoit devenue plus commerçante & plus riche, elle n'a pû devenir beaucoup plus peuplée, les fortifications n'ayant pas permis d'aggrandir l'enceinte de ſes murs & ayant fait raſer ſes fauxbourgs. D'ailleurs, preſque ſans territoire & à la merci de ſes voiſins pour ſa ſubſiſtance, elle n'auroit pû s'aggrandir ſans s'affoiblir. En 1404 on y compta treize cents feux faiſant au moins treize mille ames. Il n'y en a gueres plus de vingt mille aujourd'hui; rapport bien éloigné de celui de 3 à 14. Or de ce nombre il faut déduire encore celui des natifs, habitans, étrangers, qui n'entrent pas au Conſeil général; nombre fort augmenté rélativement à celui des Bourgeois depuis le réfuge des François & le progrès de l'induſtrie. Quelques Conſeils généraux ſont allés de nos jours

but de son institution. Est-ce donc une chose plus difficile d'établir la regle sans servitu-

---

à quatorze & même à quinze cents; mais communément ils n'approchent pas de ce nombre; si quelques-uns même vont à treize, ce n'est que dans des occasions critiques où tous les bons Citoyens croiroient manquer à leur serment de s'absenter, & où les Magistrats, de leur côté, font venir du dehors leurs cliens pour favoriser leurs manœuvres; or ces manœuvres, inconnues au quinzieme siécle n'exigeoient point alors de pareils expédiens. Généralement le nombre ordinaire roule entre huit à neuf cents; quelquefois il reste au-dessous de celui de l'an 1420, surtout lorsque l'assemblée se tient en été & qu'il s'agit de choses peu importantes. J'ai moi-même assisté en 1754 à un Conseil général qui n'étoit certainement pas de sept cents membres.

Il résulte de ces diverses considérations que, tout balancé, le Conseil général est à-peu-près aujourd'hui, quant au nombre, ce qu'il étoit il y a deux ou trois siécles, ou du moins que la différence est peu considérable. Cependant tout le monde y parloit alors; la police & la décence qu'on y voit régner aujourd'hui n'étoit pas établie. On crioit quelquefois; mais le peuple étoit libre; le Magistrat respecté, & le Conseil s'assembloit fréquemment. Donc M. le Syndic Chouet accusoit faux, & raisonnoit mal.

de entre quelques centaines d'hommes naturellement graves & froids, qu'elle ne l'étoit à Athènes, dont on nous parle, dans l'assemblée de plusieurs milliers de Citoyens emportés bouillans & presque effrénés ; qu'elle ne l'étoit dans la Capitale du monde, où le Peuple en corps exerçoit en partie la Puissance exécutive, & qu'elle ne l'est aujourd'hui même dans le grand Conseil de Venise, aussi nombreux que votre Conseil général ? On se plaint de l'impolice qui regne dans le Parlement d'Angleterre; & toutefois dans ce corps composé de plus de sept cents membres, où se traitent de si grandes affaires, où tant d'intérêts se croisent, où tant de cabales se forment, où tant de têtes s'échauffent, où chaque membre a le droit de parler, tout se fait, tout s'expédie; cette grande Monarchie va son train; & chez vous où les intérêts sont si simples si peu compliqués, où l'on n'a, pour ainsi à régler que les affaires d'une famille, on vous fait peur des orages comme si tout alloit renverser ! Monsieur, la police de votre Conseil général est la chose du monde la plus facile ; qu'on veuille sincérement l'établir pour le bien public, alors tout y sera libre & tout s'y passera plus tranquillement qu'aujourd'hui.

Supposons que dans le Réglement on eut pris la méthode opposée à celle qu'on a suivie ; qu'au lieu de fixer les Droits du Conseil général on eut fixé ceux des autres Conseils, ce qui par là-même eut montré les siens ; convenez qu'on eut trouvé dans le seul petit Conseil un assemblage de pouvoirs bien étrange pour un Etat libre & démocratique, dans des chefs que le Peuple ne choisit point & qui restent en place toute leur vie.

D'abord l'union de deux choses par-tout ailleurs

leurs incompatibles ; savoir, l'administration des affaires de l'Etat & l'exercice suprême de la justice sur les biens la vie & l'honneur des Citoyens.

Un Ordre, le dernier de tous par son rang & le premier par sa puissance.

Un Conseil inférieur sans lequel tout est mort dans la République ; qui propose seul, qui décide le premier, & dont la seule voix, même dans son propre fait, permet à ses supérieurs d'en avoir une.

Un Corps qui reconnoit l'autorité d'un autre, & qui seul a la nomination des membres de ce corps auquel il est subordonné.

Un Tribunal suprême duquel on appelle ; ou bien au contraire, un Juge inférieur qui préside dans les Tribunaux supérieurs au sien.

Qui, après avoir siégé comme Juge inférieur dans le Tribunal dont on appelle, non seulement va siéger comme Juge suprême dans le Tribunal où est appellé, mais n'a dans ce Tribunal suprême que les collegues qu'il s'est lui-même choisis.

Un Ordre, enfin, qui seul a son activité propre, qui donne à tous les autres la leur, & qui dans tous soutenant les résolutions qu'il a prises, opine deux fois & vote trois (*m*).

(*m*) Dans un Etat qui se gouverne en République & où l'on parle la langue françoise, il faudroit se faire un langage à part pour le Gouvernement. Par exemple, *Délibérer*, *Opiner*, *Voter*, sont trois choses très différentes & que les François ne distinguent pas assez. *Délibérer*, c'est peser le pour & le contre; *Opiner* c'est dire son avis & le motiver; *Voter* c'est donner son suffrage, quand il ne reste plus qu'à recueillir les voix. On met d'abord la matiere en délibération. Au premier tour on opine; on vote au dernier. Les Tribunaux ont partout à-peu-près les mêmes formes, mais comme dans les Monarchies le public n'a pas besoin d'en apprendre les termes, ils restent consacrés au Barreau. C'est par une autre inexactitude de la Langue en ces matieres que M. de Montesquieu, qui

LETTRE. 55

L'appel du petit Conseil au Deux-Cent est un véritable jeu d'enfant. C'est une farce en politique, s'il en fut jamais. Aussi n'appelle-t-on pas proprement cet appel un appel; c'est une grace qu'on implore en justice, un recours en cassation d'arrêt ; on ne comprend pas ce que c'est. Croit-on que si le petit Conseil n'eut bien senti que ce dernier recours étoit sans conséquence, il s'en fut volontairement dépouillé comme il fit ? Ce désintéressement n'est pas dans ses maximes.

Si les jugemens du petit Conseil ne sont pas toujours confirmés en Deux-Cent, c'est dans les affaires particulieres & contradictoires où il n'importe guere au Magistrat la-

---

la savoit si bien, n'a pas laissé de dire toujours *la Puissance exécutrice*, blessant ainsi l'analogie, & faisant adjectif le mot *exécuteur* qui est substantif. C'est la même faute que s'il eut dit ; *le Pouvoir législateur*.

quelle des deux Parties perde ou gagne son procès. Mais dans les affaires qu'on poursuit d'office, dans toute affaire où le Conseil lui-même prend intérêt, le Deux-Cent repare-t-il jamais ses injustices, protege-t-il jamais l'opprimé, ose-t-il ne pas confirmer tout ce qu'a fait le Conseil, usa-t-il jamais une seule fois avec honneur de son droit de faire grace? Je rappelle à regret des tems dont la mémoire est terrible & nécessaire. Un Citoyen que le Conseil immole à sa vengeance a recours au Deux-Cent; l'infortuné s'avilit jusqu'à demander grace; son innocence n'est ignorée de personne; toutes les régles ont été violées dans son procès: la grace est refusée, & l'innocent périt. Fatio sentit si bien l'inutilité du recours au Deux-Cent qu'il ne daigna pas s'en servir.

Je vois clairement ce qu'est le Deux-Cent

à Zurich, à Berne, à Fribourg & dans les autres Etats aristocratiques; mais je ne saurois voir ce qu'il est dans votre Constitution ni quelle place il y tient. Est-ce un Tribunal supérieur ? En ce cas, il est absurde que le Tribunal inférieur y siége. Est-ce un corps qui réprésente le Souverain ? En ce cas c'est au Réprésenté de nommer son Réprésentant. L'établissement du Deux-Cent ne peut avoir d'autre fin que de modérer le pouvoir énorme du petit Conseil; & au contraire, il ne fait que donner plus de poids à ce même pouvoir. Or tout Corps qui agit constamment contre l'esprit de son Institution est mal institué.

Que sert d'appuyer ici sur des choses notoires qui ne sont ignorées d'aucun Génevois ? Le Deux-Cent n'est rien par lui-même; il n'est que le petit Conseil qui reparoit sous une autre forme. Une seule fois il voulut tâcher de secouer le joug de ses maîtres & se donner une existence indépendante, & par cet unique effort l'Etat faillit être renversé. Ce n'est qu'au seul Conseil général que le Deux-Cent doit encore une apparence d'autorité. Cela se vit bien clairement dans l'époque dont je parle, & cela se verra bien mieux dans la suite, si le petit Conseil parvient à son but : ainsi quand de concert avec ce dernier le Deux-Cent travaille à déprimer le Conseil général, il travaille à sa propre ruine, & s'il croit suivre les brisées du Deux-Cent de Berne, il prend bien grossiérement le change ; mais on a presque toujours vû dans ce Corps peu de lumieres & moins de courage, & cela ne peut guere être autrement par la maniere dont il est rempli (*n*).

(*n*) Ceci s'entend en général & seulement de l'esprit du corps : car je sais qu'il y a dans le Deux-

Vous voyez, Monsieur, combien au lieu de spécifier les droits du Conseil Souverain, il eut été plus utile de spécifier les attributions des corps qui lui sont subordonnés, & sans aller plus loin, vous voyez plus évidemment encore que, par la force de certains articles pris séparément, le petit Conseil est

---

Cent des membres très éclairés & qui ne manquent pas de zele : mais incessamment sous les yeux du petit Conseil, livrés à sa merci sans appui sans ressource, & sentant bien qu'ils seroient abandonnés de leur Corps, ils s'abstiennent de tenter des démarches inutiles qui ne feroient que les compromettre & les perdre. La vile tourbe bourdonne & triomphe. Le sage se tait & gémit tout bas.

Au reste le Deux-Cent n'a pas toujours été dans le discrédit où il est tombé. Jadis il jouït de la considération publique & de la confiance des Citoyens : aussi lui laissoient-ils sans inquiétude exercer les droits du Conseil général, que le petit Conseil tacha dès-lors d'attirer à lui par cette voye indirecte. Nouvelle preuve de ce qui sera dit plus bas, que la Bourgeoisie de Genève est peu remuante & ne cherche guere à s'intriguer des affaires d'Etat.

l'arbitre suprême des Loix & par elles du fort de tous les particuliers. Quand on considere les droits des Citoyens & Bourgeois assemblés en Conseil général, rien n'est plus brillant : Mais considérez hors de-là ces mêmes Citoyens & Bourgeois comme individus ; que sont-ils, que deviennent ils ? Esclaves d'un pouvoir arbitraire, ils sont livrés sans défense à la merci de vingt-cinq Despotes ; les Athéniens du moins en avoient trente. Et que dis-je vingt-cinq ? Neuf suffisent pour un jugement civil, treize pour un jugement criminel (*o*). Sept ou huit d'accord dans ce nombre vont être pour vous autant de Décemvirs ; encore les Décemvirs furent ils élus par le peuple ; au lieu qu'aucun de ces juges n'est de votre choix ; & l'on appelle cela être libres !

(*o*) Edits civils Tit. I. Art. XXXVI.

LETTRE.

HUITIEME LETTRE.

J'AI tiré, Monsieur, l'examen de votre Gouvernement présent du Réglement de la Médiation par lequel ce Gouvernement est fixé; mais loin d'imputer aux Médiateurs d'avoir voulu vous réduire en servitude, je prouverois aisément au contraire, qu'ils ont rendu votre situation meilleure à plusieurs égards qu'elle n'étoit avant les troubles qui vous forcerent d'accepter leurs bons offices. Ils ont trouvé une Ville en armes; tout étoit à leur arrivée dans un état de crise & de confusion qui ne leur permettoit pas de tirer de cet état la régle de leur ouvrage. Ils sont remontés aux tems pacifiques, ils ont étudié la constitution primitive de votre Gouvernement; dans les progrès qu'il avoit déja fait, pour le remonter il eut fallu le refondre: la raison l'équité ne permettoient pas qu'ils vous en donnaffent un autre, & vous ne l'auriez pas accepté. N'en pouvant donc ôter les défauts, ils ont borné leurs foins à l'affermir tel que l'avoient laiffé vos peres ; ils l'ont corrigé même en divers points, & des abus que je viens de remarquer, il n'y en a pas un qui n'exiftât dans la République longtems avant que les Médiateurs en euffent pris connoiffance. Le feul tort qu'ils femblent vous avoir fait a été d'ôter au Légiflateur tout exercice du pouvoir exécutif & l'ufage de la force à l'apui de la juftice ; mais en vous donnant une reffource auffi fûre & plus légitime, ils ont changé ce mal apparent en un vrai bienfait : En fe rendant garants de vos droits ils vous ont difpenfés de les défendre vous-mêmes. Eh ! dans la mifere des chofes humaines quel bien vaut la peine d'être acheté du sang de nos freres? La liberté même est trop chere à ce prix.

Les Médiateurs ont pu se tromper, ils étoient hommes; mais ils n'ont point voulu vous tromper; ils ont voulu être justes. Cela se voit, même cela se prouve; & tout montre, en effet, que ce qui est équivoque ou défectueux dans leur ouvrage vient souvent de nécessité, quelquefois d'erreur, jamais de mauvaise volonté. Ils avoient à concilier des choses presque incompatibles, les droits du Peuple & les prétentions du Conseil, l'empire des Loix & la puissance des hommes, l'indépendance de l'Etat & la garantie du Réglement. Tout cela ne pouvoit se faire sans un peu de contradiction, & c'est de cette contradiction, que votre Magistrat tire avantage, en tournant tout en sa faveur, & faisant servir la moitié de vos Loix à violer l'autre.

Il est clair d'abord que le Réglement lui-même n'est point une Loi que les Médiateurs ayent voulu imposer à la République, mais seulement un accord qu'ils ont établi entre ses membres, & qu'ils n'ont par conséquent porté nulle atteinte à sa souveraineté. Cela est clair, dis-je par l'Article XLIV, qui laisse au Conseil général légitimement assemblé le droit de faire aux articles du Réglement tel changement qu'il lui plait. Ainsi les Médiateurs ne mettent point leur volonté au dessus de la sienne, ils n'interviennent qu'en cas de division. C'est le sens de l'Article XV.

Mais de là résulte aussi la nullité des réserves & limitations données dans l'Article III aux droits & attributions du Conseil général : car si le Conseil général décide que ces réserves

&

& limitations ne borneront plus fa puiffance, elles ne la borneront plus; & quand tous les membres d'un Etat fouverain réglent fon pouvoir fur eux-mêmes, qui eft-ce qui a droit de s'y oppofer? Les exclufions qu'on peut inférer de l'Article III ne fignifient donc autre chofe, finon que le Confeil général fe renferme dans leurs limites jufqu'à ce qu'il trouve à propos de les paffer.

C'eft ici l'une des contradictions dont j'ai parlé, & l'on en démêle aifément la caufe. Il étoit d'ailleurs bien difficile aux Plénipotentiaires pleins des maximes de Gouvernemens tout différens, d'approfondir affez les vrais principes du vôtre. La Conftitution démocratique a jufqu'à préfent été mal examinée. Tous ceux qui en ont parlé, ou ne la connoiffoient pas, ou y prenoient trop peu d'intérêt, ou avoient intérêt de la préfenter fous un faux jour. Aucun d'eux n'a fuffifamment diftingué le Souverain du Gouvernement, la Puiffance légiflative de l'exécutive. Il n'y a point d'Etat où ces deux pouvoirs foient fi féparés, & où l'on ait tant affecté de les confondre. Les uns s'imaginent qu'une Démocratie eft un Gouvernement où tout le Peuple eft Magiftrat & Juge. D'autres ne voyent la liberté que dans le droit d'élire fes chefs, & n'étant foumis qu'à des Princes, croyent que celui qui commande eft toujours le Souverain. La Conftitution démocratique eft certainement le Chef-d'œuvre de l'art politique: mais plus l'artifice en eft admirable, moins il appartient à tous les yeux de le pénétrer. N'eft-il pas vrai, Monfieur, que la premiere précaution de n'admettre aucun Confeil général légitime que fous la convocation du petit Confeil, & la feconde précaution de n'y fouffrir aucune proposition qu'avec l'approbation du petit Conseil, suffisoient seules pour maintenir le Conseil général dans la plus entiere dépendance? La troisieme précaution d'y régler la compétence des matieres étoit donc la chose du monde la plus superflue; & quel eut été l'inconvénient de laisser au Conseil général la plénitude des droits suprêmes, puisqu'il n'en peut faire aucun usage qu'autant que le petit Conseil le lui permet? En ne bornant pas les droits de la Puissance souveraine on ne la rendoit pas dans le fait moins dépendante & l'on évitoit une contradiction: ce qui prouve que c'est pour n'avoir pas bien connu votre Constitution qu'on a pris des précautions vaines en elles-mêmes & contradictoires dans leur objet.

On dira que ces limitations avoient seulement pour fin de marquer les cas où les Conseils inférieurs seroient obligés d'assembler le Conseil général. J'entens bien cela; mais n'é-toit-il pas plus naturel & plus simple de marquer les droits qui leur étoient attribués à eux-mêmes, & qu'ils pouvoient exercer sans le concours du Conseil général? Les bornes étoient-elles moins fixées par ce qui est au deçà que par ce qui est au delà, & lorsque les Conseils inférieurs vouloient passer ces bornes, n'est-il pas clair qu'ils avoient besoin d'être autorisés? Par là, je l'avoue, on mettoit plus en vue tant de pouvoirs réunis dans les mêmes mains, mais on présentoit les objets dans leur jour véritable, on tiroit de la nature de la chose le moyen de fixer les droits respectifs des divers corps, & l'on sauvoit toute contradiction.

A la vérité l'Auteur des Lettres prétend que le petit Conseil étant le Gouvernement même doit exercer à ce titre toute l'autorité qui n'est pas attribuée aux autres corps de l'Etat ; mais c'est supposer la sienne antérieure aux Edits ; c'est supposer que le petit Conseil, source primitive de la puissance, garde ainsi tous les droits qu'il n'a pas aliénés. Reconnoissez-vous, Monsieur, dans ce principe celui de votre Constitution ? Une preuve si curieuse mérite de nous arrêter un moment.

Remarquez d'abord qu'il s'agit là (*p*) du pouvoir du petit Conseil, mis en opposition avec celui des Syndics, c'est-à-dire, de chacun de ces deux pouvoirs séparé de l'autre. L'Edit parle du pouvoir des Syndics sans le Conseil, il ne parle point du pouvoir du Conseil sans les Syndics ; pourquoi cela ? Parce que le Conseil sans les Syndics est le Gou-

---

(*p*) Lettres écrites de la Campagne page 66.

vernement. Donc le silence même des Edits sur le pouvoir du Conseil loin de prouver la nullité de ce pouvoir en prouve l'étendue. Voila, sans doute, une conclusion bien neuve. Admettons-la toutefois, pourvu que l'antécédent soit prouvé.

Si c'est parce que le petit Conseil est le Gouvernement que les Edits ne parlent point de son pouvoir, ils diront du moins que le petit Conseil est le Gouvernement; à moins que de preuve en preuve leur silence n'établisse toujours le contraire de ce qu'ils ont dit.

Or je demande qu'on me montre dans vos Edits où il est dit que le petit Conseil est le Gouvernement, & en attendant je vais vous montrer, moi, où il est dit tout le contraire. Dans l'Edit politique de 1568, je trouve le préambule conçu dans ces termes. *Pource que le Gouvernement & Estat de cette Ville consiste* par quatre Syndicques, le Conseil des vingt-cinq, le Conseil des soixante, des Deux-Cents, du Général, & un Lieutenant en la justice ordinaire, avec autres Offices, selon que bonne police le requiert, tant pour l'administration du bien public, que de la justice, nous avons recueilli l'ordre qui jusqu'ici a été observé.......... afin qu'il soit gardé à l'avenir.......... comme s'ensuit.

Dès l'article premier de l'Edit de 1738, je vois encore que *cinq Ordres composent le Gouvernement de Genève.* Or de ces cinq Ordres les quatre Syndics tout seuls en font un, le Conseil des vingt-cinq, où sont certainement compris les quatre Syndics en fait un autre, & les Syndics entrent encore dans les trois suivans. Le petit Conseil sans les Syndics n'est donc pas le Gouvernement.

J'ouvre l'Edit de 1707, & j'y vois à l'Article V en propres termes, que *Messieurs les*

Syndics ont la direction & le Gouvernement de l'Etat. A l'inſtant je ferme le Livre, & je dis; certainement ſelon les Edits le petit Conſeil ſans les Syndics n'eſt pas le Gouvernement, quoique l'Auteur des Lettres affirme qu'il l'eſt.

On dira que moi-même j'attribue ſouvent dans ces Lettres le Gouvernement au petit Conſeil. J'en conviens; mais c'eſt au petit Conſeil préſidé par les Syndics; & alors il eſt certain que le Gouvernement proviſionnel y réſide dans le ſens que je donne à ce mot: mais ce ſens n'eſt pas celui de l'Auteur des Lettres; puiſque dans le mien le Gouvernement n'a que les pouvoirs qui lui ſont donnés par la Loi, & que dans le ſien, au contraire, le Gouvernement a tous les pouvoirs que la Loi ne lui ôte pas.

Reſte donc dans toute ſa force l'objection

des Répréfentans, que, quand l'Edit parle des Syndics, il parle de leur puiffance, & que, quand il parle du Confeil, il ne parle que de fon devoir. Je dis que cette objection refte dans toute fa force ; car l'Auteur des Lettres n'y répond que par une affertion démentie par tous les Edits. Vous me ferez plaifir, Monfieur, fi je me trompe, de m'apprendre en quoi péche mon raifonnement.

Cependant cet Auteur, très content du fien, demande comment, *fi le Législateur n'avoit pas confidéré de cet œil le petit Confeil, on pourroit concevoir que dans aucun endroit de l'Edit il n'en réglât l'autorité ; qu'il l'a fuppofât par tout & qu'il ne la déterminât nulle part* (q)?

J'oferai tenter d'éclaircir ce profond myf-

―――――――――――――――
(q) Ibid. page 67.

tere. Le Législateur ne regle point la puiſſance du Conſeil, parce qu'il ne lui en donne aucune indépendamment des Syndics, & lorſqu'il la ſuppoſe, c'eſt en le ſuppoſant auſſi préſidé par eux. Il a déterminé la leur, par conſéquent il eſt ſuperflu de déterminer la ſienne. Les Syndics ne peuvent pas tout ſans le Conſeil, mais le Conſeil ne peut rien ſans les Syndics; il n'eſt rien ſans eux, il eſt moins que n'étoit le Deux-Cent même lorſqu'il fut préſidé par l'Auditeur Sarrazin.

Voilà, je crois, la ſeule maniere raiſonnable d'expliquer le ſilence des Edits ſur le pouvoir du Conſeil; mais ce n'eſt pas celle qu'il convient aux Magiſtrats d'adopter. On eut prévenu dans le réglement leurs ſingulieres interprétations ſi l'on eut pris une méthode contraire, & qu'au lieu de marquer les droits du Conſeil général on eut déterminé les leurs. Mais pour n'avoir pas voulu dire ce que n'ont pas dit les Edits, on a fait entendre ce qu'ils n'ont jamais fuppofé.

Que de chofes contraires à la liberté publique & aux droits des Citoyens & Bourgeois, & combien n'en pourrois-je pas ajoûter encore? Cependant tous ces défavantages qui naiffoient ou fembloient naitre de votre Conftitution & qu'on n'auroit pu détruire fans l'ébranler, ont été balancés & réparés avec la plus grande fageffe par des compenfations qui en naiffoient auffi, & telle étoit précifément l'intention des Médiateurs, qui, felon leur propre déclaration, fut *de conferver à chacun fes droits fes attributions particulieres provenant de la Loi fondamentale de l'Etat.* M. Micheli Du Cret aigri par fes malheurs contre cet ouvrage dans lequel il fut oublié, l'accufe de renverfer l'inftitution fondamentale du Gouvernement & de dépouiller les Citoyens & Bourgeois de leurs droits ; sans vouloir voir combien de ces droits, tant publics que particuliers, ont été conservés ou rétablis par cet Edit, dans les Articles III, IV, X, XI, XII, XXII, XXX, XXXI, XXXII, XXXIV, XLII, & XLIV; sans songer surtout que la force de tous ces Articles dépend d'un seul qui vous a aussi été conservé. Article essenciel, Article équipondérant à tous ceux qui vous sont contraires, & si nécessaire à l'effet de ceux qui vous sont favorables qu'ils seroient tous inutiles si l'on venoit à bout d'éluder celui-là, ainsi qu'on l'a entrepris. Nous voici parvenus au point important ; mais pour en bien sentir l'importance il falloit peser tout ce que je viens d'exposer.

On a beau vouloir confondre l'indépendance & la liberté. Ces deux choses sont si différentes que même elles s'excluent mutuellement.

ment. Quand chacun fait ce qu'il lui plait, on fait souvent ce qui déplait à d'autres, & cela ne s'appelle pas un état libre. La liberté consiste moins à faire sa volonté qu'à n'être pas soumis à celle d'autrui; elle consiste encore à ne pas soumettre la volonté d'autrui à la nôtre. Quiconque est maître ne peut être libre, & régner c'est obéir. Vos Magistrats savent cela mieux que personne, eux qui comme Othon n'omettent rien de servile pour commander (r). Je ne connois de volonté vraiment

---

(r) *En général*, dit l'Auteur des Lettres, *les hommes craignent encore plus d'obéir qu'ils n'aiment à commander.* Tacite en jugeoit autrement & connoissoit le cœur humain. Si la maxime étoit vraie, les Valets des Grands seroient moins insolens avec les Bourgeois, & l'on verroit moins de fainéans ramper dans les Cours des Princes. Il y a peu d'hommes d'un cœur assez sain pour savoir aimer la liberté : Tous veulent commander, à ce prix nul ne craint d'obéir. Un petit parvenu se donne cent maîtres pour acquérir dix valets. Il n'y a qu'à voir

Partie II. G

libre que celle à laquelle nul n'a droit d'opposer de la réſiſtance; dans la liberté commune
nul n'a droit de faire ce que la liberté d'un autre lui interdit; & la vraie liberté n'eſt jamais
deſtructive d'elle-même. Ainſi la liberté ſans
la juſtice eſt une véritable contradiction; car
comme qu'on s'y prenne tout gene dans l'exécution d'une volonté déſordonnée.

Il n'y a donc point de liberté ſans Loix, ni
où quelqu'un eſt au deſſus des Loix: dans l'é-
tat même de nature l'homme n'eſt libre qu'à la
faveur de la Loi naturelle qui commande à
tous. Un peuple libre obéit, mais il ne ſert
pas; il a des chefs & non pas des maîtres; il

---

la fierté des nobles dans les Monarchies; avec quelle emphaſe ils prononcent ces mots de *ſervice* & de
ſervir; combien ils s'eſtiment grands & reſpectables
quand ils peuvent avoir l'honneur de dire, *le Roi
mon maître*; combien ils mépriſent des Républicains
qui ne ſont que libres, & qui certainement ſont
plus nobles qu'eux.

obéit aux Loix, mais il n'obéit qu'aux Loix, & c'est par la force des Loix qu'il n'obéit pas aux hommes. Toutes les barrieres qu'on donne dans les Républiques au pouvoir des Magistrats ne sont établies que pour garantir de leurs atteintes l'enceinte sacrée des Loix : ils en sont les Ministres non les arbitres, ils doivent les garder non les enfreindre. Un Peuple est libre, quelque forme qu'ait son Gouvernement, quand dans celui qui le gouverne il ne voit point l'homme, mais l'organe de la Loi. En un mot, la liberté suit toujours le sort des Loix, elle regne ou périt avec elles; je ne sache rien de plus certain.

Vous avez des Loix bonnes & sages, soit en elles-mêmes, soit par cela seul que ce sont des Loix. Toute condition imposée à chacun par tous ne peut être onéreuse à personne, & la pire des Loix vaut encore mieux que le meilleur maître; car tout maître a des préférences, & la Loi n'en a jamais.

Depuis que la Constitution de votre Etat a pris une forme fixe & stable, vos fonctions de Législateur sont finies. La sûreté de l'édifice veut qu'on trouve à présent autant d'obstacles pour y toucher qu'il falloit d'abord de facilités pour le construire. Le droit négatif des Conseils pris en ce sens est l'appui de la République : l'Article VI du Réglement est clair & précis; je me rends sur ce point aux raisonnemens de l'Auteur des Lettres, je les trouve sans réplique, & quand ce droit si justement réclamé par vos Magistrats seroit contraire à vos intérêts, il faudroit souffrir & vous taire. Des hommes droits ne doivent jamais fermer les yeux à l'évidence, ni disputer contre la vérité.

L'ouvrage est consommé, il ne s'agit plus

que de le rendre inaltérable. Or l'ouvrage du Législateur ne s'altere & ne se détruit jamais que d'une maniere ; c'est quand les dépositaires de cet ouvrage abusent de leur dépôt, & se font obéir au nom des Loix en leur désobéissant eux-mêmes (s). Alors la pire chose nait de la meilleure, & la Loi qui sert de sauvegarde à la Tyrannie est plus funeste que la Tyrannie elle-même. Voila précisément ce

---

(s) Jamais le Peuple ne s'est rebellé contre les Loix que les Chefs n'aient commencé par les enfreindre en quelque chose. C'est sur ce principe certain qu'à la Chine quand il y a quelque révolte dans une Province on commence toujours par punir le Gouverneur. En Europe les Rois suivent constamment la maxime contraire, aussi voyez comment prosperent leurs Etats ! La population diminue par tout d'un dixieme tous les trente ans ; elle ne diminue point à la Chine. Le Despotisme oriental se soutient parce qu'il est plus sévere sur les Grands que sur le Peuple : il tire ainsi de lui-même son propre remede. J'entends dire qu'on commence à prendre à la Porte la maxime Chrétienne. Si cela est, on verra dans peu ce qu'il en résultera.

que prévient le droit de Réprésentation stipulé dans vos Edits & restraint mais confirmé par la Médiation. Ce droit vous donne inspection, non plus sur la Législation comme auparavant, mais sur l'administration; & vos Magistrats, tout puissans au nom des Loix, seuls maîtres d'en proposer au Législateur de nouvelles, sont soumis à ses jugemens s'ils s'écartent de celles qui sont établies. Par cet Article seul votre Gouvernement sujet d'ailleurs à plusieurs défauts considérables, devient le meilleur qui jamais ait existé: car quel meilleur Gouvernement que celui dont toutes les parties se balancent dans un parfait équilibre, où les particuliers ne peuvent transgresser les Loix parce qu'ils sont soumis à des Juges, & où ces Juges ne peuvent pas non plus les transgresser, parce qu'ils sont surveillés par le Peuple ?

LETTRE.

Il est vrai que pour trouver quelque réalité dans cet avantage, il ne faut pas le fonder sur un vain droit: mais qui dit un droit ne dit pas une chose vaine. Dire à celui qui a transgressé la Loi qu'il a transgressé la Loi, c'est prendre une peine bien ridicule ; c'est lui apprendre une chose qu'il sait aussi bien que vous.

Le droit est, selon Puffendorf, une qualité morale par laquelle il nous est dû quelque chose. La simple liberté de se plaindre n'est donc pas un droit, ou du moins c'est un droit que la nature accorde à tous & que la Loi d'aucun pays n'ôte à personne. S'avisa-t-on jamais de stipuler dans des Loix que celui qui perdroit un procès auroit la liberté de se plaindre? S'avisa t-on jamais de punir quelqu'un pour l'avoir fait? Où est le Gouvernement, quelque absolu qu'il puisse être, où tout Citoyen n'ait pas le droit de donner des mémoires au Prince ou à son Ministre sur ce qu'il croit utile à l'Etat, & quelle risée n'exciteroit pas un Edit public par lequel on accorderoit formellement aux sujets le droit de donner de pareils mémoires ? Ce n'est pourtant pas dans un Etat despotique, c'est dans une République, c'est dans une Démocratie, qu'on donne authentiquement aux Citoyens, aux membres du Souverain, la permission d'user auprès de leur Magistrat de ce même droit que nul Despote n'ôta jamais au dernier de ses esclaves.

Quoi ! Ce droit de Répréfentation consisteroit uniquement à remettre un papier qu'on est même dispensé de lire ; au moyen d'une réponse séchement négative (*t*) ? Ce droit si

_____

(*t*) Telle, par exemple, que celle que fit le Conseil le 10 Août 1763 aux Répréfentations remises le 8 à M. le premier Syndic par un grand nombre de Citoyens & Bourgeois.

solemnellement stipulé en compensation de tant de sacrifices, se borneroit à la rare prérogative de demander & ne rien obtenir ? Oser avancer une telle proposition, c'est accuser les Médiateurs d'avoir usé avec la Bourgeoisie de Genève de la plus indigne supercherie, c'est offenser la probité des Plénipotentiaires, l'équité des Puissances médiatrices; c'est blesser toute bienséance, c'est outrager même le bon sens.

Mais enfin quel est ce droit ? jusqu'où s'étend-il ? comment peut-il être exercé ? Pourquoi rien de tout cela n'est-il spécifié dans l'Article VII ? Voila des questions raisonnables; elles offrent des difficultés qui méritent examen.

La solution d'une seule nous donnera celle de toutes les autres, & nous dévoilera le véritable esprit de cette institution.

HUITIÈME

Dans un Etat tel que le vôtre, où la souveraineté eſt entre les mains du Peuple, le Légiſlateur exiſte toujours, quoiqu'il ne ſe montre pas toujours. Il n'eſt raſſemblé & ne parle authentiquement que dans le Conſeil général; mais hors du Conſeil général il n'eſt pas anéanti; ſes membres ſont épars, mais ils ne ſont pas morts; ils ne peuvent parler par des Loix, mais ils peuvent toujours veiller ſur l'adminiſtration des Loix; c'eſt un droit, c'eſt même un devoir attaché à leurs perſonnes, & qui ne peut leur être ôté dans aucun tems. De-là le droit de Répréſentation. Ainſi la Répréſentation d'un Citoyen d'un Bourgeois ou de pluſieurs n'eſt que la déclaration de leur avis ſur une matiere de leur compétence. Ceci eſt le ſens clair & néceſſaire de l'Edit de 1707, dans l'Article V qui concerne les Répréſentations.

Dans cet Article on proscrit avec raison la voye des signatures; parce que cette voye est une maniere de donner son suffrage, de voter par tête comme si déja l'on étoit en Conseil général, & que la forme du Conseil général ne doit être suivie que lorsqu'il est légitimement assemblé. La voye des Répréfentations a le même avantage, sans avoir le même inconvénient. Ce n'est pas voter en Conseil général, c'est opiner sur les matieres qui doivent y être portées ; puisqu'on ne compte pas les voix ce n'est pas donner son suffrage, c'est seulement dire son avis. Cet avis n'est, à la vérité, que celui d'un particulier ou de plusieurs ; mais ces particuliers étant membres du Souverain & pouvant le répréfenter quelquefois par leur multitude, la raison veut qu'alors on ait égard à leur avis, non comme à une décision, mais comme à une proposition qui la demande, & qui la rend quelquefois nécessaire.

Ces Répréfentations peuvent rouler fur deux objets principaux, & la différence de ces objets décide de la diverfe maniere dont le Conseil doit faire droit fur ces mêmes Répréfentations. De ces deux objets, l'un eft de faire quelque changement à la Loi, l'autre de réparer quelque tranfgreffion de la Loi. Cette divifion eft complette & comprend toute la matiere fur laquelle peuvent rouler les Répréfentations. Elle eft fondée fur l'Edit même qui, diftingant les termes felon ces objets impofe au Procureur général de faire des *inftances* ou des *remontrances* felon que les Citoyens lui ont fait des *plaintes* ou des *réquifitions* (u).

Cette

(u) *Réquérir* n'eft pas feulement demander, mais

LETTRE.

Cette diſtinction une fois établie, le Conſeil auquel ces Répréſentations ſont adreſſées doit les enviſager bien différemment ſelon celui de ces deux objets auquel elles ſe rapportent. Dans les Etats où le Gouvernement & les Loix ont déja leur aſſiete, on doit autant qu'il ſe peut éviter d'y toucher, & ſurtout dans les petites Républiques, où le moindre ébranlement déſunit tout. L'averſion des nouveautés eſt donc généralement bien fondée; elle l'eſt ſurtout pour vous qui

---

demander en vertu d'un droit qu'on a d'obtenir. Cette acception eſt établie par toutes les formules judiciaires dans leſquelles ce terme de Palais eſt employé. On dit *réquérir juſtice*; on n'a jamais dit *réquérir grace*. Ainſi dans les deux cas les Citoyens avoient également droit d'exiger que leurs *réquiſitions* ou leurs *plaintes*, rejettées par les Conſeils inférieurs, fuſſent portées en Conſeil général. Mais par le mot ajoûté dans l'Article VI. de l'Edit de 1738, ce droit eſt reſtraint ſeulement au cas de la plainte, comme il ſera dit dans le texte.

Partie II.   H

ne pouvez qu'y perdre, & le Gouvernement ne peut apporter un trop grand obstacle à leur établissement; car quelques utiles que fussent des Loix nouvelles, les avantages en sont presque toujours moins sûrs que les dangers n'en sont grands. A cet égard quand le Citoyen quand le Bourgeois a proposé son avis il a fait son devoir, il doit au surplus avoir assez de confiance en son Magistrat pour le juger capable de peser l'avantage de ce qu'il lui propose & porté à l'approuver s'il le croit utile au bien public. La Loi a donc très sagement pourvu à ce que l'établissement & même la proposition de pareilles nouveautés ne passât pas sans l'aveu des Conseils, & voila en quoi doit consister le droit négatif qu'ils réclament, & qui, selon moi, leur appartient incontestablement.

Mais le second objet ayant un principe tout

opposé doit être envisagé bien différemment. Il ne s'agit pas ici d'innover; il s'agit, au contraire, d'empêcher qu'on n'innove; il s'agit non d'établir de nouvelles Loix, mais de maintenir les anciennes. Quand les choses tendent au changement par leur pente, il faut sans cesse de nouveaux soins pour les arrêter. Voilà ce que les Citoyens & Bourgeois, qui ont un si grand intérêt à prévenir tout changement, se proposent dans les plaintes dont parle l'Edit. Le Législateur existant toujours voit l'effet ou l'abus de ses Loix: il voit si elles sont suivies ou transgressées, interprétées de bonne ou de mauvaise foi; il y veille, il y doit veiller; cela est de son droit, de son devoir, même de son serment. C'est ce devoir qu'il remplit dans les Représentations, c'est ce droit, alors, qu'il exerce; & il seroit contre toute raison, il seroit même indécent, de vouloir étendre le droit négatif du Conseil à cet objet-là.

Cela feroit contre toute raison quant au Législateur; parce qu'alors toute la folemnité des Loix feroit vaine & ridicule, & que réellement l'Etat n'auroit point d'autre Loi que la volonté du petit Confeil, maître abfolu de négliger, méprifer, violer, tourner à fa mode les regles qui lui feroient prefcrites, & de prononcer *noir* où la Loi diroit *blanc*, fans en répondre à perfonne. A quoi bon s'affembler folemnellement dans le Temple de Saint Pierre, pour donner aux Edits une fanction fans effet; pour dire au petit Confeil: *Meffieurs, voilà le Corps de Loix que nous établiffons dans l'Etat, & dont nous vous rendons les dépofitaires, pour vous y conformer quand vous le jugerez à propos, & pour le tranfgreffer quand il vous plaira.*

Cela feroit contre la raifon quant aux Répréfentations. Parce qu'alors le droit ſtipulé par un Article exprès de l'Edit de 1707 & confirmé par un Article exprès de l'Edit de 1738 feroit un droit illufoire & fallacieux, qui ne fignifieroit que la liberté de fe plaindre inutilement quand on eſt véxé ; liberté qui, n'ayant jamais été difputée à perſonne, eſt ridicule à établir par la Loi.

Enfin cela feroit indécent en ce que par une telle fuppofition la probité des Médiateurs feroit outragée, que ce feroit prendre vos Magiſtrats pour des fourbes & vos Bourgeois pour des dupes d'avoir négocié traité tranfigé avec tant d'appareil pour mettre une des Parties à l'entiere difcrétion de l'autre, & d'avoir compenfé les conceffions les plus fortes par des fûretés qui ne fignifieroient rien.

Mais, difent ces Meffieurs, les termes de l'Edit font formels : *Il ne fera rien porté au*

HUITIEME

Conseil général qu'il n'ait été traité & approuvé, d'abord dans le Conseil des Vingt-cinq, puis dans celui des Deux-Cents.

Premiérement qu'est-ce que cela prouve autre chose dans la question présente, si ce n'est une marche réglée & conforme à l'Ordre, & l'obligation dans les Conseils inférieurs de traiter & approuver préalablement ce qui doit être porté au Conseil général ? Les Conseils ne sont-ils pas tenus d'approuver ce qui est prescrit par la Loi ? Quoi ! si les Conseils n'approuvoient pas qu'on procédât à l'élection des Syndics, n'y devroit-on plus procéder, & si les sujets qu'ils proposent sont rejettés, ne sont-ils pas contraints d'approuver qu'il en soit proposé d'autres ?

D'ailleurs, qui ne voit que ce droit d'approuver & de rejetter, pris dans son sens absolu s'applique seulement aux propositions qui renferment des nouveautés, & non à celles qui n'ont pour objet que le maintien de ce qui est établi ? Trouvez-vous du bon sens à supposer qu'il faille une approbation nouvelle pour réparer les transgressions d'une ancienne Loi ? Dans l'approbation donnée à cette Loi lorsqu'elle fut promulguée sont contenues toutes celles qui se rapportent à son exécution: Quand les Conseils approuverent que cette Loi seroit établie, ils approuverent qu'elle seroit observée, par conséquent qu'on en puniroit les transgresseurs ; & quand les Bourgeois dans leurs plaintes se bornent à demander réparation sans punition, l'on veut qu'une telle proposition ait de nouveau besoin d'être approuvée ? Monsieur, si ce n'est pas là se moquer des gens, dites-moi comment on peut s'en moquer ?

Toute la difficulté consiste donc ici dans la

seule question de fait. La Loi a-t-elle été transgressée, ou ne l'a-t-elle pas été ? Les Citoyens & Bourgeois disent qu'elle l'a été ; les Magistrats le nient. Or voyez, je vous prie, si l'on peut rien concevoir de moins raisonnable en pareil cas que ce droit négatif qu'ils s'attribuent ? On leur dit, vous avez transgressé la Loi. Ils répondent ; nous ne l'avons pas transgressée ; &, devenus ainsi juges suprêmes dans leur propre cause, les voila justifiés contre l'évidence par leur seule affirmation.

Vous me demanderez si je prétends que l'affirmation contraire soit toujours l'évidence ? Je ne dis pas cela ; je dis que quand elle le seroit vos Magistrats ne s'en tiendroient pas moins contre l'évidence à leur prétendu droit négatif. Le cas est actuellement sous vos yeux ; & pour qui doit être ici le préjugé le plus légitime ? Est-il croyable, est-il naturel que des particuliers fans pouvoir fans autorité viennent dire à leurs Magiſtrats qui peuvent être demain leurs Juges; *vous avez fait une injuſtice*, lorſque cela n'eſt pas vrai ? Que peuvent eſpérer ces particuliers d'une démarche auſſi folle, quand même ils feroient fûrs de l'impunité ? Peuvent-ils penſer que des Magiſtrats ſi hautains juſques dans leurs torts, iront convenir ſottement des torts mêmes qu'ils n'auroient pas? Au contraire, y a-t-il rien de plus naturel que de nier les fautes qu'on a faites? N'a-t-on pas intérêt de les ſoutenir, & n'eſt-on pas toujours tenté de le faire lorſqu'on le peut impunément & qu'on a la force en main ? Quand le foible & le fort ont enſemble quelque diſpute, ce qui n'arrive gueres qu'au détriment du premier, le ſentiment par cela ſeul le plus probable eſt toujours que c'eſt le plus fort qui a tort.

Les probabilités, je le fais, ne font pas des preuves : Mais dans des faits notoires comparés aux Loix, lorsque nombre de Citoyens affirment qu'il y a injustice, & que le Magistrat accusé de cette injustice affirme qu'il n'y en a pas, qui peut être juge, si ce n'est le public instruit, & où trouver ce public instruit à Genève si ce n'est dans le Conseil général composé des deux partis ?

Il n'y a point d'Etat au monde où le sujet lézé par un Magistrat injuste ne puisse par quelque voye porter sa plainte au Souverain, & la crainte que cette ressource inspire est un frein qui contient beaucoup d'iniquités. En France même, où l'attachement des Parlemens aux Loix est extrême, la voye judiciaire est ouverte contre eux en plusieurs cas par des requêtes en cassation d'Arrêt. Les Génevois sont privés d'un pareil avantage; la Partie condannée par les Conseils ne peut plus, en quelque cas que ce puisse être, avoir aucun recours au Souverain: mais ce qu'un particulier ne peut faire pour son intérêt privé, tous peuvent le faire pour l'intérêt commun : car toute transgression des Loix étant une atteinte portée à la liberté devient une affaire publique, & quand la voix publique s'éleve, la plainte doit être portée au Souverain. Il n'y auroit sans cela ni Parlement ni Sénat ni Tribunal sur la terre qui ne fut armé du funeste pouvoir qu'ose usurper votre Magistrat ; il n'y auroit point dans aucun Etat de sort aussi dur que le vôtre. Vous m'avouerez que ce seroit là une étrange liberté!

Le droit de Répréfentation est intimement lié à votre constitution: il est le seul moyen possible d'unir la liberté à la subordination,

HUITIEME

& de maintenir le Magiſtrat dans la dépendance des Loix ſans altérer ſon autorité ſur le peuple. Si les plaintes ſont clairement fondées, ſi les raiſons ſont palpables, on doit préſumer le Conſeil aſſez équitable pour y déférer. S'il ne l'étoit pas, ou que les griefs n'euſſent pas ce dégré d'évidence qui les met au deſſus du doute, le cas changeroit, & ce ſeroit alors à la volonté générale de décider ; car dans votre Etat cette volonté eſt le Juge ſuprême & l'unique Souverain. Or comme dès le commencement de la République cette volonté avoit toujours des moyens de ſe faire entendre & que ces moyens tenoient à votre Conſtitution, il s'enſuit que l'Edit de 1707 fondé d'ailleurs ſur un droit immémorial & ſur l'uſage conſtant de ce droit, n'avoit pas beſoin de plus grande explication.

Les Médiateurs ayant eu pour maxime fondamentale de s'écarter des anciens Edits le moins qu'il étoit possible, ont laissé cet Article tel qu'il étoit auparavant, & même y ont renvoyé. Ainsi par le Réglement de la Médiation votre droit sur ce point est demeuré parfaitement le même, puisque l'Article qui le pose est rappellé tout entier.

Mais les Médiateurs n'ont pas vu que les changemens qu'ils étoient forcés de faire à d'autres Articles les obligeoient, pour être conséquens, d'éclaircir celui-ci, & d'y ajouter de nouvelles explications que leur travail rendoit nécessaires. L'effet des Répréséntations des particuliers négligées est de devenir enfin la voix du public & d'obvier ainsi au déni de justice. Cette transformation étoit alors légitime & conforme à la Loi fondamentale, qui, par tout pays arme en dernier ressort le Souverain de la force publique pour l'exécution de ses volontés.

Les Médiateurs n'ont pas supposé ce déni de justice. L'événement prouve qu'ils l'ont dû supposer. Pour assurer la tranquillité publique ils ont jugé à propos de séparer du Droit la puissance, & de supprimer même les assemblées & députations pacifiques de la bourgeoisie; mais puisqu'ils lui ont d'ailleurs confirmé son droit, ils devoient lui fournir dans la forme de l'institution d'autres moyens de le faire valoir, à la place de ceux qu'ils lui ôtoient; ils ne l'ont pas fait. Leur ouvrage à cet égard est donc resté défectueux; car le droit étant demeuré le même, doit toujours avoir les mêmes effets.

Aussi voyez avec quel art vos Magistrats se prévalent de l'oubli des Médiateurs! En quelque nombre que vous puissiez être ils ne voyent plus en vous que des particuliers, & depuis qu'il vous a été interdit de vous montrer en corps ils regardent ce corps comme anéanti: il ne l'est pas toutefois, puisqu'il conserve tous ses droits, tous ses priviléges, & qu'il fait toujours la principale partie de l'Etat & du Législateur. Ils partent de cette supposition fausse pour vous faire mille difficultés chimériques sur l'autorité qui peut les obliger d'assembler le Conseil général. Il n'y a point d'autorité qui le puisse hors celle des Loix, quand ils les observent: mais l'autorité de la Loi qu'ils transgressent retourne au Législateur; & n'osant nier tout-à-fait qu'en pareil cas cette autorité ne soit dans le plus grand nombre, ils rassemblent leurs objections sur les moyens de le constater. Ces moyens seront toujours faciles sitôt qu'ils seront permis, & ils seront sans inconvénient, puisqu'il est aisé d'en prévenir les abus.

Il ne s'agissoit là ni de tumultes ni de

violence: il ne s'agiſſoit point de ces reſſources quelquefois néceſſaires mais toujours terribles, qu'on vous a très ſagement interdites ; non que vous en ayez jamais abuſé, puiſqu'au contraire vous n'en uſâtes jamais qu'à la derniere extrémité, ſeulement pour votre défenſe, & toujours avec une modération qui peut-être eut dû vous conſerver le droit des armes, ſi quelque peuple eut pu l'avoir ſans danger. Toutefois je bénirai le Ciel, quoi qu'il arrive, de ce qu'on n'en verra plus l'affreux appareil au milieu de vous. *Tout eſt permis dans les maux extrêmes*, dit pluſieurs fois l'Auteur des Lettres. Cela fut-il vrai tout ne ſeroit pas expédient. Quand l'excès de la Tyrannie met celui qui la ſouffre au deſſus des Loix, encore faut-il que ce qu'il tente pour la détruire lui laiſſe quelque eſpoir d'y réuſſir. Voudroit-on vous réduire

duire à cette extrêmité ? je ne puis le croire, & quand vous y feriez, je penfe encore moins qu'aucune voye de fait put jamais vous en tirer. Dans votre pofition toute fauffe démarche eft fatale, tout ce qui vous induit à la faire eft un piege, & fuffiez-vous un inftant les maîtres, en moins de quinze jours vous feriez écrafés pour jamais. Quoique faffent vos Magiftrats, quoique dife l'Auteur des Lettres, les moyens violens ne conviennent point à la caufe jufte : fans croire qu'on veuille vous forcer à les prendre, je crois qu'on vous les verroit prendre avec plaifir ; & je crois qu'on ne doit pas vous faire envifager comme une reffource ce qui ne peut que vous ôter toutes les autres. La juftice & les Loix font pour vous ; ces appuis, je le fais, font bien foibles contre le crédit & l'intrigue ; mais ils font les feuls qui vous restent: tenez-vous-y jusqu'à la fin.

Eh! comment approuverois-je qu'on voulut troubler la paix civile pour quelque intérêt que ce fut, moi qui lui sacrifiai le plus cher de tous les miens? Vous le savez, Monsieur, j'étois désiré, sollicité; je n'avois qu'à paroître; mes droits étoient soutenus, peut-être mes affronts réparés. Ma présence eut du moins intrigué mes persécuteurs, & j'étois dans une de ces positions enviées, dont quiconque aime à faire un rolle se prévaut toujours avidement. J'ai préféré l'exil perpétuel de ma patrie; j'ai renoncé à tout, même à l'espérance, plutôt que d'exposer la tranquillité publique: j'ai mérité d'être cru sincere, lorsque je parle en sa faveur.

Mais pourquoi supprimer des assemblées paisibles & purement civiles, qui ne pouvoient avoir qu'un objet légitime, puisqu'elles restoient toujours dans la subordination due au Magistrat ? Pourquoi, laissant à la Bourgeoisie le droit de faire des Répréfentations, ne les lui pas laisser faire avec l'ordre & l'authenticité convenables ? Pourquoi lui ôter les moyens d'en délibérer entre elle, &, pour éviter des assemblées trop nombreuses, au moins par ses députés ? Peut-on rien imaginer de mieux réglé, de plus décent, de plus convenable que les assemblées par compagnies & la forme de traiter qu'a suivi la Bourgeoisie pendant qu'elle a été la maîtresse de l'Etat ? N'est-il pas d'une police mieux entendue de voir monter à l'Hôtel-de-Ville une trentaine de députés au nom de tous leurs Concitoyens, que de voir toute une Bourgeoisie y monter en foule ; chacun ayant sa déclaration à faire, & nul ne pouvant parler que pour soi ? Vous avez vu, Monsieur, les Répréfentans en grand nombre, forcés de se diviser par pelotons pour ne pas faire tumulte & cohue, venir séparément par bandes de trente ou quarante, & mettre dans leur démarche encore plus de bienséance & de modestie qu'il ne leur en étoit prescrit par la Loi. Mais tel est l'esprit de la Bourgeoisie de Genève ; toujours plutôt en deçà qu'en delà de ses droits, elle est ferme quelquefois, elle n'est jamais séditieuse. Toujours la Loi dans le cœur, toujours le respect du Magistrat sous les yeux, dans le tems même où la plus vive indignation devoit animer sa colere, & où rien ne l'empêchoit de la contenter, elle ne s'y livra jamais. Elle fut juste étant la plus forte ; même elle fut pardonner. En eut-on pu dire autant de ses oppresseurs ? On sait le sort qu'ils lui firent éprouver autrefois; on sait celui qu'ils lui préparoient encore.

Tels sont les hommes vraiment dignes de

la liberté parce qu'ils n'en abusent jamais, qu'on charge pourtant de liens & d'entraves comme la plus vile populace. Tels sont les Citoyens, les membres du Souverain qu'on traite en sujets, & plus mal que des sujets mêmes; puisque dans les Gouvernemens les plus absolus on permet des assemblées de communautés qui ne sont présidées d'aucun Magistrat.

Jamais, comme qu'on s'y prenne, des réglemens contradictoires ne pourront être observés à la fois. On permet on autorise le droit de Répréfentation, & l'on reproche aux Répréfentans de manquer de consistence en les empêchant d'en avoir. Cela n'est pas juste, & quand on vous met hors d'état de faire en corps vos démarches, il ne faut pas vous objecter que vous n'êtes que des particuliers. Comment ne voit-on point que si le poids

HUITIEME

des Répréfentations dépend du nombre des Répréfentans, quand elles font générales il eſt impoſſible de les faire un à un ; & quel ne feroit pas l'embarras du Magiſtrat s'il avoit à lire fucceſſivement les Mémoires ou à écouter les difcours d'un millier d'hommes, comme il y eſt obligé par la Loi ?

Voici donc la facile folution de cette grande difficulté que l'Auteur des Lettres fait valoir comme infoluble (x). Que lorſque le Magiſtrat n'aura eu nul égard aux plaintes des particuliers portées en Répréfentations, il permette l'aſſemblée des Compagnies bourgeoifes ; qu'il la permette féparément en des lieux en des tems différens ; que celles de ces Compagnies qui voudront à la pluralité des fuffrages appuyer les Répréfentations le faſſent par leurs Députés. Qu'alors le nombre des Dépu-

---

(x) Page 88.

tés repréſentans ſe compte; leur nombre total eſt fixe; on verra bientôt ſi leurs vœux ſont ou ne ſont pas ceux de l'Etat.

Ceci ne ſignifie pas, prenez-y bien garde, que ces aſſemblées partielles puiſſent avoir aucune autorité, ſi ce n'eſt de faire entendre leur ſentiment ſur la matiere des Répréſentations. Elles n'auront, comme aſſemblées autoriſées pour ce ſeul cas, nul autre droit que celui des particuliers; leur objet n'eſt pas de changer la Loi mais de juger ſi elle eſt ſuivie, ni de redreſſer des griefs mais de montrer le beſoin d'y pourvoir: leur avis, fut-il unanime, ne ſera jamais qu'une Répréſentation. On ſaura ſeulement par là ſi cette Répréſentation mérite qu'on y défere, ſoit pour aſſembler le Conſeil général ſi les Magiſtrats l'approuvent, ſoit pour s'en diſpenſer s'ils l'aiment mieux, en faiſant droit par eux-mêmes ſur les juſ-

HUITIEME

tes plaintes des Citoyens & Bourgeois.

Cette voye eſt ſimple, naturelle, ſûre, elle eſt ſans inconvénient. Ce n'eſt pas même une Loi nouvelle à faire, c'eſt ſeulement un Article à révoquer pour ce ſeul cas. Cependant ſi elle effraye encore trop vos Magiſtrats, il en reſte une autre non moins facile, & qui n'eſt pas plus nouvelle : c'eſt de rétablir les Conſeils généraux périodiques, & d'en borner l'objet aux plaintes miſes en Repréſentations durant l'Intervalle écoulé de l'un à l'autre, ſans qu'il ſoit permis d'y porter aucune autre queſtion. Ces aſſemblées, qui par une diſtinction très importante (y) n'auroient pas l'autorité du Souverain mais du Magiſtrat ſuprême, loin de pouvoir rien innover ne pourroient qu'empêcher toute innovation de

___

(y) Voyez le Contract Social. L. III. Chap. 17.

la part des Conseils, & remettre toutes choses dans l'ordre de la Législation, dont le Corps dépositaire de la force publique peut maintenant s'écarter sans gêne autant qu'il lui plait. En sorte que, pour faire tomber ces assemblées d'elles mêmes, les Magistrats n'auroient qu'à suivre exactement les Loix: car la convocation d'un Conseil général seroit inutile & ridicule lorsqu'on n'auroit rien à y porter; & il y a grande apparence que c'est ainsi que se perdit l'usage des Conseils généraux périodiques au seizieme siécle, comme il a été dit ci-devant.

Ce fut dans la vue que je viens d'exposer qu'on les rétablit en 1707, & cette vieille question renouvellée aujourd'hui fut décidée alors par le fait même de trois Conseils généraux consécutifs, au dernier desquels passa l'Article concernant le droit de Répresentation. Ce droit n'étoit pas contesté mais éludé; les Magistrats n'osoient disconvenir que lorsqu'ils refusoient de satisfaire aux plaintes de la Bourgeoisie la question ne dut être portée en Conseil général; mais comme il appartient à eux seuls de le convoquer, ils prétendoient sous ce prétexte pouvoir en différer la tenue à leur volonté, & comptoient lasser à force de délais la constance de la Bourgeoisie. Toutefois son droit fut enfin si bien reconnu qu'on fit dès le 9 Avril convoquer l'assemblée générale pour le 5 de Mai, *afin*, dit le Placard, *de lever par ce moyen les insinuations qui ont été répandues que la convocation en pourroit être éludée & renvoyée encore loin.*

Et qu'on ne dise pas que cette convocation fut forcée par quelque acte de violence ou par quelque tumulte tendant à sédition, puisque tout se traitoit alors par députation, comme le

Conseil l'avoit desiré, & que jamais les Citoyens & Bourgeois ne furent plus paisibles dans leurs assemblées, évitant de les faire trop nombreuses & de leur donner un air imposant. Ils pousserent même si loin la décence &, j'ose dire, la dignité, que ceux d'entre eux qui portoient habituellement l'épée la poserent toujours pour y asister (z). Ce ne fut qu'après que tout fut fait, c'est-à-dire à la fin du troisieme Conseil général, qu'il y eut un cri d'armes causé par la faute du Conseil, qui eut l'imprudence d'envoyer trois Compagnies de la garnison la bayonnete au bout du fusil, pour

---

(z) Ils eurent la même attention en 1734 dans leurs Représentations du 4 Mars, appuyées de mille ou douze cents Citoyens ou Bourgeois en personnes, dont pas un seul n'avoit l'épée au côté. Ces soins, qui paroîtroient minutieux dans tout autre Etat, ne le sont pas dans une Démocratie, & caractérisent peut-être mieux un peuple que des traits plus éclatans.

forcer deux ou trois cens Citoyens encore affemblés à Saint Pierre.

Ces Conſeils périodiques rétablis en 1707, furent révoqués cinq ans après; mais par quels moyens & dans quelles circonſtances ? Un court examen de cet Edit de 1712 nous fera juger de ſa validité.

Premiérement le Peuple effrayé par les exécutions & proſcriptions récentes n'avoit ni liberté ni ſûreté ; il ne pouvoit plus compter ſur rien après la frauduleuſe amniſtie qu'on employa pour le ſurprendre. Il croyoit à chaque inſtant revoir à ſes portes les Suiſſes qui ſervirent d'archers à ces ſanglantes exécutions. Mal revenu d'un effroi que le début de l'Edit étoit très propre à réveiller, il eut tout accordé par la ſeule crainte; il ſentoit bien qu'on ne l'aſſembloit pas pour donner la Loi mais pour la recevoir.

Les motifs de cette révocation, fondés ſur

les dangers des Conseils généraux périodiques, sont d'une absurdité palpable à qui connoit le moins du monde l'esprit de votre Constitution & celui de votre Bourgeoisie. On allégue les tems de peste de famine & de guerre, comme si la famine ou la guerre étoient un obstacle à la tenue d'un Conseil, & quant à la peste, vous m'avouerez que c'est prendre ses précautions de loin. On s'effraye de l'ennemi, des mal-intentionnés, des cabales; jamais on ne vit des gens si timides; l'expérience du passé devoit les rassurer: Les fréquens Conseils généraux ont été dans les tems les plus orageux le salut de la République, comme il sera montré ci-après, & jamais on n'y a pris que des résolutions sages & courageuses. On soutient ces assemblées contraires à la Constitution, dont elles sont le plus ferme appui; on les dit contraires aux Edits, & elles sont établies par les Edits; on les accuse de nouveauté, & elles sont aussi anciennes que la Législation. Il n'y a pas une ligne dans ce préambule qui ne soit une fausseté ou une extravagance, & c'est sur ce bel exposé que la révocation passe, sans programme antérieur qui ait instruit les membres de l'assemblée de la proposition qu'on leur vouloit faire, sans leur donner le loisir d'en délibérer entre eux, même d'y penser; & dans un tems où la Bourgeoisie mal instruite de l'histoire de son Gouvernement s'en laissoit aisément imposer par le Magistrat.

Mais un moyen de nullité plus grave encore est la violation de l'Edit dans sa partie à cet égard la plus importante, savoir la maniere de déchiffrer les billets ou de compter les voix; car dans l'Article 4 de l'Edit de 1707 il est dit qu'on établira quatre Sécrétaires *ad actum* pour recueillir les suffrages;

deux des Deux-Cents & deux du Peuple, lesquels feront choisis sur le champ par M. le premier Syndic & prêteront serment dans le Temple. Et toutefois dans le Conseil général de 1712, sans aucun égard à l'Edit précédent on fait recueillir les suffrages par les deux Secrétaires d'Etat. Quelle fut donc la raison de ce changement, & pourquoi cette manœuvre illégale dans un point si capital, comme si l'on eut voulu transgresser à plaisir la Loi qui venoit d'être faite? On commence par violer dans un article l'Edit qu'on veut annuler dans un autre! Cette marche est-elle réguliere? si comme porte cet Edit de révocation l'avis du Conseil fut approuvé *presque unanimement* (aa), pourquoi donc la surprise & la consternation que marquoient les Cito-

---

(aa) Par la maniere dont il m'est rapporté qu'on s'y prit, cette unanimité n'étoit pas difficile à obte-

yens en sortant du Conseil, tandis qu'on voyoit un air de triomphe & de satisfaction sur les visages des Magistrats (*bb*)? Ces différentes

---

nir, & il ne tint qu'à ces Messieurs de la rendre complette.

Avant l'assemblée, le Secrétaire d'Etat Mestrezat dit: *Laissez les venir; je les tiens*. Il employa, dit-on, pour cette fin les deux mots *Approbation*, & *Rejection*, qui depuis sont demeurés en usage dans les billets: en sorte que quelque parti qu'on prit tout revenoit au même. Car si l'on choisissoit *Approbation* l'on approuvoit l'avis des Conseils, qui rejettoit l'assemblée périodique; & si l'on prenoit *Réjection* l'on rejettoit l'assemblée périodique. Je n'invente pas ce fait, & je ne le rapporte pas sans autorité; je prie le lecteur de le croire; mais je dois à la vérité de dire qu'il ne me vient pas de Genève, & à la justice d'ajouter que je ne le crois pas vrai: je sais seulement que l'équivoque de ces deux mots abusa bien des votans sur celui qu'ils devoient choisir pour exprimer leur intention, & j'avoue encore que je ne puis imaginer aucun motif honnête ni aucune excuse légitime à la transgression de la loi dans le recueillement des suffrages. Rien ne prouve mieux la terreur dont le Peuple étoit saisi que le silence avec lequel il laissa passer cette irrégularité.

(*bb*) Ils disoient entre eux en sortant, & bien

LETTRE.

tes contenances font-elles naturelles à gens qui viennent d'être unanimement du même avis?

Ainsi donc pour arracher cet Edit de révocation l'on usa de terreur, de surprise, vraisemblablement de fraude, & tout au moins on viola certainement la Loi. Qu'on juge si ces caracteres font compatibles avec ceux d'une Loi sacrée, comme on affecte de l'appeller?

Mais supposons que cette révocation soit légitime & qu'on n'en ait pas enfreint les conditions (*cc*), quel autre effet peut-on lui

---

d'autres l'entendirent; *nous venons de faire une grande journée.* Le lendemain nombre de Citoyens furent se plaindre qu'on les avoit trompés, & qu'ils n'avoient point entendu rejetter les assemblées générales, mais l'avis des Conseils. On se moqua d'eux.

(*cc*) Ces conditions portent qu'*aucun changement à l'Edit n'aura force qu'il n'ait été approuvé dans ce souverain Conseil.* Reste donc à savoir si les infractions de l'Edit ne sont pas des changemens à l'Edit?

Partie II.   K

donner, que de remettre les choses sur le pied où elles étoient avant l'établissement de la Loi révoquée, & par conséquent la Bourgeoisie dans le droit dont elle étoit en possession? Quand on casse une transaction, les Parties ne restent-elles pas comme elles étoient avant qu'elle fut passée?

Convenons que ces Conseils généraux périodiques n'auroient eu qu'un seul inconvénient, mais terrible; c'eut été de forcer les Magistrats & tous les ordres de se contenir dans les bornes de leurs devoirs & de leurs droits. Par cela seul je sais que ces assemblées si effarouchantes ne seront jamais rétablies, non plus que celles de la Bourgeoisie par compagnies; mais aussi n'est-ce pas de cela qu'il s'agit; je n'examine point ici ce qui doit ou ne doit pas se faire, ce qu'on fera ni ce qu'on ne fera pas. Les expédiens que j'indique simplement comme possibles & faciles, comme tirés de votre constitution, n'étant plus conformes aux nouveaux Edits ne peuvent passer que du consentement des Conseils, & mon avis n'est assurément pas qu'on les leur propose : mais adoptant un moment la supposition de l'Auteur des Lettres, je résous des objections frivoles ; je fais voir qu'il cherche dans la nature des choses des obstacles qui n'y sont point, qu'ils ne sont tous que dans la mauvaise volonté du Conseil, & qu'il y avoit s'il l'eut voulu cent moyens de lever ces prétendus obstacles, sans altérer la Constitution, sans troubler l'ordre, & sans jamais exposer le repos public.

Mais pour rentrer dans la question tenons-nous exactement au dernier Edit, & vous n'y verrez pas une seule difficulté réelle contre l'effet nécessaire du droit de Représentation.

1. Celle d'abord de fixer le nombre des Répréfentans eſt vaine par l'Edit même, qui ne fait aucune diſtinction du nombre, & ne donne pas moins de force à la Répréfentation d'un ſeul qu'à celle de cent.

2. Celle de donner à des particuliers le droit de faire aſſembler le Conſeil général eſt vaine encore; puiſque ce droit, dangereux ou non, ne réſulte pas de l'effet néceſſaire des Répréſentations. Comme il y a tous les ans deux Conſeils généraux pour les élections, il n'en faut point pour ces effet aſſembler d'extraordinaire. Il ſuffit que la Répréſentation, après avoir été examinée dans les Conſeils, ſoit portée au plus prochain Conſeil général, quand elle eſt de nature à l'être (*dd*). La ſéance n'en ſera pas même prolongée d'u-

---

(*dd*) J'ai diſtingué ci-devant les cas où les Conſeils font tenus de l'y porter, & ceux où ils ne le font pas.

ne heure, comme il eſt manifeſte à qui connoit l'ordre obſervé dans ces aſſemblées. Il faut ſeulement prendre la précaution que la propoſition paſſe aux voix avant les élections : car ſi l'on attendoit que l'élection fut faite, les Syndics ne manqueroient pas de rompre auſſi-tôt l'aſſemblée, comme ils firent en 1735.

3. Celle de multiplier les Conſeils généraux eſt levée avec la précédente & quand elle ne le feroit pas, où feroient les dangers qu'on y trouve ? c'eſt ce que je ne ſaurois voir.

On frémit en liſant l'énumération de ces dangers dans les Lettres écrites de la Campagne, dans l'Edit de 1712, dans la Harangue de M. Chouet ; mais vérifions. Ce dernier dit que la République ne fut tranquille que quand ces aſſemblées devinrent plus rares. Il y a là une petite inverſion à rétablir. Il falloit dire que ces aſſemblées devinrent plus rares quand la République fut tranquille. Lisez, Monsieur, les fastes de votre Ville durant le seizieme siécle. Comment secoua-t-elle le double joug qui l'écrasoit? Cmment étouffa-t-elle les factions qui la déchiroient? Comment résista-t-elle à ses voisins avides, qui ne la secouroient que pour l'asservir? Comment s'établit dans son sein la liberté évangélique & politique? Comment sa constitution prit-elle de la consistance? Comment se forma le systême de son Gouvernement? L'histoire de ces mémorables tems est un enchainement de prodiges. Les Tyrans, les Voisins, les ennemis, les amis, les sujets, les Citoyens, la guerre, la peste, la famine, tout sembloit concourir à la perte de cette malheureuse Ville. On conçoit à peine comment un Etat déja formé eut pu échapper à tous ces périls. Non seulement Genève en échappe, mais c'est durant ces crises terribles que se consomme le grand Ouvrage de sa Législation. Ce fut par ses fréquens Conseils généraux (*ee*), ce fut par la prudence & la fermeté que ses Citoyens y porterent qu'ils vainquirent enfin tous les obstacles, & rendirent leur Ville libre & tranquille, de sujette & déchirée qu'elle étoit auparavant ; ce fut après avoir tout mis en ordre au dedans qu'ils se virent en état de faire au dehors la guerre avec gloire. Alors le Conseil Souverain avoit fini ses fonctions, c'étoit au Gouvernement de faire les siennes : il ne restoit plus aux

―――――――――――――――

(*ee*) Comme on les assembloit alors dans tous les cas *ardus* selon les Edits, & que ces cas ardus revenoient très souvent dans ces tems orageux, le Conseil général étoit alors plus fréquemment convoqué que n'est aujourd'hui le Deux-Cent. Qu'on en juge par une seule époque. Durant les huit premiers mois de l'année 1540 il se tint dix-huit Conseils généraux, & cette année n'eut rien de plus extraordinaire que celles qui avoient précédé & que celles qui suivirent.

Génevois qu'à défendre la liberté qu'ils venoient d'établir, & à se montrer aussi braves soldats en campagne qu'ils s'étoient montrés dignes Citoyens au Conseil: c'est ce qu'ils firent. Vos annales attestent par tout l'utilité des Conseils généraux ; vos Messieurs n'y voyent que des maux effroyables. Ils font l'objection, mais l'histoire la résout.

4. Celle de s'exposer aux saillies du Peuple quand on avoisine à de grandes Puissances se résout de même. Je ne sache point en ceci de meilleure réponse à des sophismes que des faits constans. Toutes les résolutions des Conseils généraux ont été dans tous les tems aussi pleines de sagesse que de courage ; jamais elles ne furent insolentes ni lâches ; on y a quelquefois juré de mourir pour la patrie ; mais je défie qu'on m'en cite un seul, même de ceux où le Peuple a le plus influé, dans

lequel on ait par étourderie indisposé les Puissances voisines, non plus qu'un seul où l'on ait rampé devant elles. Je ne ferois pas un pareil défi pour tous les arrêtés du petit Conseil: mais passons. Quand il s'agit de nouvelles résolutions à prendre, c'est aux Conseils inférieurs de les proposer, au Conseil général de les rejetter ou de les admettre; il ne peut rien faire de plus; on ne dispute pas de cela: Cette objection porte donc à faux.

5. Celle de jetter du doute & de l'obscurité sur toutes les Loix n'est pas plus solide, parce qu'il ne s'agit pas ici d'une interprétation vague, générale, & susceptible de subtilités; mais d'une application nette & précise d'un fait à la Loi. Le Magistrat peut avoir ses raisons pour trouver obscure une chose claire, mais cela n'en détruit pas la clarté. Ces Messieurs dénaturent la question. Montrer par la

lettre d'une Loi qu'elle a été violée n'est pas proposer des doutes sur cette Loi. S'il y a dans les termes de la Loi un seul sens selon lequel le fait soit justifié, le Conseil dans sa réponse ne manquera pas d'établir ce sens. Alors la Répréfentation perd sa force, & si l'on y persiste, elle tombe infailliblement en Conseil général : Car l'intérêt de tous est trop grand, trop présent, trop sensible, surtout dans une Ville de commerce, pour que la généralité veuille jamais ébranler l'autorité, le Gouvernement, la Législation, en prononçant qu'une Loi a été transgressée, lorsqu'il est possible qu'elle ne l'ait pas été.

C'est au Législateur, c'est au rédacteur des Loix à n'en pas laisser les termes équivoques. Quand ils le font ; c'est à l'équité du Magistrat d'en fixer le sens dans la pratique ; quand la Loi a plusieurs sens, il use de son droit en préférant celui qu'il lui plaît: mais ce droit ne va point jusqu'à changer le sens littéral des loix & à leur en donner un qu'elles n'ont pas; autrement il n'y auroit plus de Loi. La question ainsi posée est si nette qu'il est facile au bon sens de prononcer, & ce bon sens qui prononce se trouve alors dans le Conseil général. Loin que de-là naissent des discussions interminables, c'est par là qu'au contraire on les prévient; c'est par là qu'élevant les Edits au-dessus des interprétations arbitraires & particulieres que l'intérêt ou la passion peut suggérer, on est sûr qu'ils disent toujours ce qu'ils disent; & que les particuliers ne sont plus en doute, sur chaque affaire, du sens qu'il plaira au Magistrat de donner à la Loi. N'est-il pas clair que les difficultés dont il s'agit maintenant n'existeroient plus si l'on eut pris d'abord ce moyen de les résoudre?

6. Celle de soumettre les Conseils aux ordres des Citoyens est ridicule. Il est certain que des Répréfentations ne sont pas des ordres, non plus que la requête d'un homme qui demande justice n'est pas un ordre; mais le Magistrat n'en est pas moins obligé de rendre au suppliant la justice qu'il demande, & le Conseil de faire droit sur les Répréfentations des Citoyens & Bourgeois. Quoique les Magistrats soient les supérieurs des particuliers, cette supériorité ne les dispense pas d'accorder à leurs inférieurs ce qu'ils leur doivent, & les termes respectueux qu'employent ceux-ci pour le demander n'ôtent rien au droit qu'ils ont de l'obtenir. Une Répréfentation est, si l'on veut, un ordre donné au Conseil, comme elle est un ordre donné au premier Syndic à qui on la présente de la communiquer au Conseil; car c'est ce qu'il est

toujours obligé de faire, soit qu'il approuve la Répréfentation, soit qu'il ne l'approuve pas.

Au refte quand le Conseil tire avantage du mot de *Répréfentation* qui marque infériorité; en difant une chofe que perfonne ne difpute, il oublie cependant que ce mot employé dans le Réglement n'eft pas dans l'Edit auquel il renvoye, mais bien celui de *Remontrances* qui préfente un tout autre fens: à quoi l'on peut ajoûter qu'il y a de la différence entre les Remontrances qu'un corps de Magiftrature fait à fon Souverain, & celles que des membres du Souverain font à un corps de Magiftrature. Vous direz que j'ai tort de répondre à une pareille objection ; mais elle vaut bien la plupart des autres.

7. Celle enfin d'un homme en crédit conteftant le fens ou l'application d'une Loi qui le condanne, & féduifant le public en fa fa-

veur, est telle que je crois devoir m'abstenir de la qualifier. Eh! qui donc a connu la Bourgeoisie de Genève pour un peuple servile, ardent, imitateur, stupide, ennemi des loix, & si prompt à s'enflammer pour les intérêts d'autrui? Il faut que chacun ait bien vû le sien compromis dans les affaires publiques, avant qu'il puisse se résoudre à s'en mêler.

Souvent l'injustice & la fraude trouvent des protecteurs; jamais elles n'ont le public pour elles; c'est en ceci que la voix du Peuple est la voix de Dieu; mais malheureusement cette voix sacrée est toujours foible dans les affaires contre le cri de la puissance, & la plainte de l'innocence opprimée s'exhale en murmures méprisés par la tyrannie. Tout ce qui se fait par brigue & séduction se fait par préférence au profit de ceux qui gouvernent;

cela ne sauroit être autrement. La ruse, le préjugé, l'intérêt, la crainte, l'espoir, la vanité, les couleurs spécieuses, un air d'ordre & de subordination, tout est pour des hommes habiles constitués en autorité & versés dans l'art d'abuser le peuple. Quand il s'agit d'opposer l'adresse à l'adresse, ou le crédit au crédit, quel avantage immense n'ont pas dans une petite Ville les premieres familles toujours unies pour dominer, leurs amis, leurs cliens, leurs créatures, tout cela joint à tout le pouvoir des Conseils, pour écraser des particuliers qui oseroient leur faire tête, avec des sophismes pour toutes armes? Voyez autour de vous dans cet instant même. L'appui des loix, l'équité, la vérité, l'évidence, l'intérêt commun, le soin de la sûreté particuliere, tout ce qui devroit entraîner la foule suffit à peine pour protéger des Citoyens respectés qui réclament contre l'iniquité la plus manifeste ; & l'on veut que chez un Peuple éclairé l'intérêt d'un brouillon fasse plus de partisans que n'en peut faire celui de l'Etat ? Ou je connois mal votre Bourgeoisie & vos Chefs, ou si jamais il se fait une seule Réprésentation mal fondée, ce qui n'est pas encore arrivé que je sache ; l'Auteur, s'il n'est méprisable, est un homme perdu.

Est-il besoin de réfuter des objections de cette espece quand on parle à des Génevois ? Y a-t-il dans votre Ville un seul homme qui n'en sente la mauvaise foi, & peut-on sérieusement balancer l'usage d'un droit sacré, fondamental, confirmé, nécessaire, par des inconvéniens chimériques que ceux mêmes qui les objectent savent mieux que personne ne pouvoir exister ? Tandis qu'au contraire ce droit enfreint ouvre la porte aux excès de la

plus

plus odieuse Olygarchie, au point qu'on la voit attenter déja sans prétexte à la liberté des Citoyens, & s'arroger hautement le pouvoir de les emprisonner sans astriction ni condition, sans formalité d'aucune espece, contre la teneur des Loix les plus précises, & malgré toutes les protestations.

L'explication qu'on ose donner à ces Loix est plus insultante encore que la tyrannie qu'on exerce en leur nom. De quels raisonnemens on vous paye ? Ce n'est pas assez de vous traiter en esclaves si l'on ne vous traite encore en enfans. Eh Dieu ! Comment a-t-on pu mettre en doute des quéstions aussi claires, comment a-t-on pu les embrouiller à ce point? Voyez, Monsieur, si les poser n'est pas les résoudre ? En finissant par là cette Lettre, j'espere ne la pas alonger de beaucoup.

Un homme peut être constitué prisonnier de

trois manieres. L'une à l'inſtance d'un autre homme qui fait contre lui Partie formelle; la ſeconde étant ſurpris en flagrant délit & ſaiſi ſur le champ, ou, ce qui revient au même, pour crime notoire dont le public eſt témoin; & la troiſieme, d'office, par la ſimple autorité du Magiſtrat, ſur des avis ſecrets, ſur des indices, ou ſur d'autres raiſons qu'il trouve ſuffiſantes.

Dans le premier cas, il eſt ordonné par les Loix de Genève que l'accuſateur revête les priſons, ainſi que l'accuſé; & de plus, s'il n'eſt pas ſolvable, qu'il donne caution des dépends & de l'adjugé. Ainſi l'on a de ce côté dans l'intérêt de l'accuſateur une ſureté raiſonnable que le prévenu n'eſt pas arrêté injuſtement.

Dans le ſecond cas, la preuve eſt dans le fait même, & l'accuſé eſt en quelque ſorte convaincu par sa propre détention.

Mais dans le troisieme cas on n'a ni la même sûreté que dans le premier, ni la même évidence que dans le second, & c'est pour ce dernier cas que la Loi, supposant le Magistrat équitable, prend seulement des mesures pour qu'il ne soit pas surpris.

Voila les principes sur lesquels le Législateur se dirige dans ces trois cas ; en voici maintenant l'application.

Dans le cas de la Partie formelle, on a dès le commencement un procès en regle qu'il faut suivre dans toutes les formes judiciaires: c'est pourquoi l'affaire est d'abord traitée en premiere instance. L'emprisonnement ne peut être fait *si, parties ouïes, il n'a été permis par justice (ff)*. Vous savez que ce qu'on appelle à Genève la Justice est le Tribunal

―――――――――――――
(*ff*) Edits civils. Tit. XII. Art. 1.

du Lieutenant & de ses assistans appellés *Auditeurs*. Ainsi c'est à ces Magistrats & non à d'autres, pas même aux Syndics, que la plainte en pareil cas doit être portée, & c'est à eux d'ordonner l'emprisonnement des deux parties ; sauf alors le recours de l'une des deux aux Syndics, *si*, selon les termes de l'Edit, *elle se sentoit grévée par ce qui aura été ordonné* (gg). Les trois premiers Articles du titre XII, sur les matieres criminelles se rapportent évidemment à ce cas-là.

Dans le cas du flagrant délit, soit pour crime, soit pour excès que la police doit punir, il est permis à toute personne d'arrêter le coupable ; mais il n'y a que les Magistrats chargés de quelque partie du pouvoir exécutif, tels que les Syndics, le Conseil, le Lieutenant, un Auditeur, qui puissent l'écrouer ; un

---

(gg) Ibid. Art. 2.

Conseiller ni plusieurs ne le pourroient pas; & le prisonnier doit être interrogé dans les vingt-quatre heures. Les cinq Articles suivans du même Edit se rapportent uniquement à ce second cas; comme il est clair, tant par l'ordre de la matiere, que par le nom de *criminel* donné au prévenu, puisqu'il n'y a que le seul cas du flagrant délit ou du crime notoire, où l'on puisse appeller criminel un accusé avant que son procès lui soit fait. Que si l'on s'obstine à vouloir qu'*accusé* & *criminel* soient sinonymes, il faudra, par ce même langage, qu'*innocent* & *criminel* le soient aussi.

Dans le reste du Titre XII il n'est plus question d'emprisonnement, & depuis l'Article 9 inclusivement tout roule sur la procédure & sur la forme du jugement dans toute espece de procès criminel. Il n'y est point parlé des emprisonnemens faits d'office.

« Mais il en est parlé dans l'Edit politique sur l'Office des quatre Syndics. Pourquoi cela ? Parce que cet Article tient immédiatement à la liberté civile, que le pouvoir exercé sur ce point par le Magistrat est un acte de Gouvernement plutôt que de Magistrature, & qu'un simple Tribunal de justice ne doit pas être revêtu d'un pareil pouvoir. Aussi l'Edit l'accorde-t-il aux Syndics seuls, non au Lieutenant ni à aucun autre Magistrat.

Or pour garantir les Syndics de la surprise dont j'ai parlé, l'Edit leur prescrit de *mander premiérement ceux qu'il appartiendra, d'examiner d'interroger*, & enfin de *faire emprisonner si mestier est*. Je crois que dans un pays libre la Loi ne pouvoit pas moins faire pour mettre un frein à ce terrible pouvoir. Il faut que les Citoyens aient toutes les sûretés raisonnables qu'en faisant leur devoir ils pourront coucher dans leur lit.

L'Article fuivant du même Titre rentre, comme il eſt manifeſte, dans le cas du crime notoire & du flagrant délit, de même que l'Article premier du Titre des matieres criminelles, dans le même Edit politique. Tout cela peut paroître une répétition : mais dans l'Edit civil la matiere eſt conſidérée quant à l'exercice de la juſtice, & dans l'Edit politique quant à la fûreté des Citoyens. D'ailleurs les Loix ayant été faites en différens tems, & ces Loix étant l'ouvrage des hommes, on n'y doit pas chercher un ordre qui ne ſe démente jamais & une perfection fans défaut. Il fuffit qu'en méditant fur le tout & en comparant les Articles, on y découvre l'eſprit du Légiſlateur & les raiſons du difpoſitif de ſon ouvrage.

Ajoutez une réflexion. Ces droits ſi judicieuſement combinés; ces droits réclamés par les Repréſentans en vertu des Edits, vous en jouiſſiez ſous la ſouveraineté des Evêques, Neufchâtel en jouit ſous ſes Princes, & à vous Républicains on veut les ôter! Voyez les Articles 10, 11, & pluſieurs autres des franchiſes de Genève dans l'acte d'Ademarus Fabri. Ce monument n'eſt pas moins reſpectable aux Génevois que ne l'eſt aux Anglois la grande Chartre encore plus ancienne, & je doute qu'on fut bien venu chez ces derniers à parler de leur Chartre avec autant de mépris que l'Auteur des Lettres oſe en marquer pour la vôtre.

Il prétend qu'elle a été abrogée par les Conſtitutions de la République (*bb*). Mais au

---

(*bb*) C'étoit par une Logique toute ſemblable qu'en 1742. on n'eut aucun égard au Traité de Soleure de 1579, ſoutenant qu'il étoit ſuranné; quoiqu'il fut déclaré perpétuel dans l'Acte même, qu'il n'ait jamais été abrogé par aucun autre, & qu'il

contraire je vois très souvent dans vos Edits ce mot, *comme d'ancienneté*, qui renvoye aux usages anciens, par conséquent aux droits sur lesquels ils étoient fondés; & comme si l'Evêque eut prévu que ceux qui devoient protéger les franchises les attaqueroient, je vois qu'il déclare dans l'Acte même qu'elles seront perpétuelles, sans que le non-usage ni aucune prescription les puisse abolir. Voici, vous en conviendrez, une opposition bien singuliere. Le savant Syndic Chouet dit dans son Mémoire à Mylord Towsend que le Peuple de Genève entra, par la Réformation, dans les droits de l'Evêque, qui étoit Prince temporel & spirituel de cette Ville. L'Auteur des Lettres nous assure au contraire que ce même Peuple perdit en cette occasion les fran-

---

ait été rappellé plusieurs fois, notamment dans l'acte de la Médiation.

chifes que l'Evêque lui avoit accordées. Auquel des deux croirons-nous?

Quoi! vous perdez étant libres des droits dont vous jouissiez étant sujets! Vos Magistrats vous dépouillent de ceux que vous accorderent vos Princes! si telle est la liberté que vous ont acquis vos peres, vous avez dequoi regretter le sang qu'ils verserent pour elle. Cet acte singulier qui vous rendant Souverains vous ôta vos franchises, valoit bien, ce me semble, la peine d'être énoncé, &, du moins pour le rendre croyable, on ne pouvoit le rendre trop solemnel. Où est-il donc cet acte d'abrogation? Assurément pour se prévaloir d'une piece aussi bizarre le moins qu'on puisse faire est de commencer par la montrer.

De tout ceci je crois pouvoir conclure avec certitude, qu'en aucun cas possible, la

Loi dans Genève n'accorde aux Syndics ni à perfonne le droit abfolu d'emprifonner les particuliers fans aftriction ni condition. Mais n'importe: le Confeil en réponfe aux Répréfentations établit ce droit fans réplique. Il n'en coûte que de vouloir, & le voila en poffeffion. Telle eft la comodité du droit négatif.

Je me propofois de montrer dans cette Lettre que le droit de Répréfentation, intimement lié à la forme de votre Conftitution n'étoit pas un droit illufoire & vain; mais qu'ayant été formellement établi par l'Edit de 1707 & confirmé par celui de 1738, il devoit néceffairement avoir un effet réel: que cet effet n'avoit pas été ftipulé dans l'Acte de la Médiation parce qu'il ne l'étoit pas dans l'Edit, & qu'il ne l'avoit pas été dans l'Edit, tant parce qu'il réfultoit alors par lui-même de la nature de votre Conſtitution, que parce que le même Edit en établiſſoit la ſûreté d'une autre maniere; Que ce droit & ſon effet néceſſaire donnant ſeul de la conſiſtance à tous les autres, étoit l'unique & véritable équivalent de ceux qu'on avoit ôtés à la Bourgeoiſie; que cet équivalent, ſuffiſant pour établir un ſolide équilibre entre toutes les parties de l'Etat, montroit la ſageſſe du Réglement qui ſans cela feroit l'ouvrage le plus inique qu'il fut poſſible d'imaginer: qu'enfin les difficultés qu'on élevoit contre l'exercice de ce droit étoient des difficultés frivoles, qui n'exiſtoient que dans la mauvaiſe volonté de ceux qui les propoſoient, & qui ne balançoient en aucune maniere les dangers du droit négatif abſolu. Voila, Monſieur, ce que j'ai voulu faire; c'eſt à vous à voir ſi j'ai réuſſi.

NEUVIEME LETTRE.

J'Ai cru, Monsieur, qu'il valoit mieux établir directement ce que j'avois à dire, que de m'attacher à de longues réfutations. Entreprendre un examen suivi des Lettres écrites de la campagne seroit s'embarquer dans une mer de sophismes. Les saisir, les exposer seroit selon moi les réfuter; mais ils nagent dans un tel flux de doctrine, ils en sont si fort inondés, qu'on se noye en voulant les mettre à sec.

Toutefois en achevant mon travail je ne puis me dispenser de jetter un coup d'œil sur celui de cet Auteur. Sans analyser les subtilités politiques dont il vous leurre, je me contenterai d'en examiner les principes, & de vous montrer dans quelques exemples le vice de ses raisonnemens.

NEUVIEME

Vous en avez vû ci-devant l'inconféquence par rapport à moi : par rapport à votre République ils font plus captieux quelquefois, & ne font jamais plus folides. Le feul & véritable objet de ces Lettres eft d'établir le prétendu droit négatif dans la plénitude que lui donnent les ufurpations du Confeil. C'eft à ce but que tout fe rapporte ; foit directement, par un enchaînement néceffaire ; foit indirectement par un tour d'adreffe, en donnant le change au public fur le fond de la queftion.

Les imputations qui me regardent font dans le premier cas. Le Confeil m'a jugé contre la Loi: des Répréfentations s'élevent. Pour établir le droit négatif il faut éconduire les Répréfentans; pour les éconduire il faut prouver qu'ils ont tort ; pour prouver qu'ils ont tort il faut foutenir que je fuis coupable, mais coupable à tel point que pour punir mon crime il a fallu déroger à la Loi.

Que les hommes frémiroient au premier mal qu'ils font, s'ils voyoient qu'ils se mettent dans la triste nécessité d'en toujours faire, d'être méchans toute leur vie pour avoir pu l'être un moment, & de poursuivre jusqu'à la mort le malheureux qu'ils ont une fois persécuté !

La question de la présidence des Syndics dans les Tribunaux criminels se rapporte au second cas. Croyez-vous qu'au fond le Conseil s'embarrasse beaucoup que ce soient des Syndics ou des Conseillers qui président, depuis qu'il a fondu les droits des premiers dans tout le corps ? Les Syndics, jadis choisis parmi tout le Peuple (a), ne l'étant plus que dans

---

(a) On poussoit si loin l'attention pour qu'il n'y eut dans ce choix ni exclusion, ni préférence autre que celle du mérite, que par un Edit qui a été abrogé deux Syndics devoient toujours être pris dans le bas de la Ville & deux dans le haut.

le Conseil, de chefs qu'ils étoient des autres Magistrats sont demeurés leurs collegues, & vous avez pu voir clairement dans cette affaire que vos Syndics, peu jaloux d'une autorité passagere, ne sont plus que des Conseillers. Mais on feint de traiter cette question comme importante, pour vous distraire de celle qui l'est véritablement, pour vous laisser croire encore que vos premiers Magistrats sont toujours élus par vous, & que leur puissance est toujours la même.

Laissons donc ici ces questions accessoires que, par la maniere dont l'Auteur les traite on voit qu'il ne prend guere à cœur. Bornons-nous à péser les raisons qu'il allégue en faveur du droit négatif auquel il s'attache avec plus de soin, & par lequel seul, admis ou rejetté, vous êtes esclaves ou libres.

L'art qu'il employe le plus adroitement pour
cela

cela eſt de réduire en propoſitions générales un ſyſtême dont on verroit trop aiſément le foible s'il en faiſoit toujours l'application. Pour vous écarter de l'objet particulier il flate votre amour-propre en étendant vos vues ſur de grandes queſtions, & tandis qu'il met ces queſtions hors de la portée de ceux qu'il veut ſéduire, il les cajole & les gagne en paroiſſant les traiter en hommes d'Etat. Il éblouit ainſi le peuple pour l'aveugler, & change en theſes de philoſophie des queſtions qui n'exigent que du bon ſens, afin qu'on ne puiſſe l'en dédire, & que ne l'entendant pas, on n'oſe le déſavouer.

Vouloir le ſuivre dans ſes ſophiſmes abſtraits feroit tomber dans la faute que je lui reproche. D'ailleurs, ſur des queſtions ainſi traitées on prend le parti qu'on veut ſans avoir jamais tort : car il entre tant d'élémens dans ces pro-

Partie II. M

positions, on peut les envisager par tant de faces, qu'il y a toujours quelque côté susceptible de l'aspect qu'on veut leur donner. Quand on fait pour tout le public en général un Livre de politique on y peut philosopher à son aise: l'Auteur, ne voulant qu'être lu & jugé par les hommes instruits de toutes les Nations & versés dans la matiere qu'il traite, abstrait & généralise sans crainte; il ne s'appésantit pas sur les détails élémentaires. Si je parlois à vous seul, je pourrois user de cette méthode; mais le sujet de ces Lettres intéresse un peuple entier, composé dans son plus grand nombre d'hommes qui ont plus de sens & de jugement que de lecture & d'étude, & qui pour n'avoir pas le jargon scientifique n'en sont que plus propres à saisir le vrai dans toute sa simplicité. Il faut opter en pareil cas entre l'intérêt de l'Auteur & celui des

Lecteurs, & qui veut se rendre plus utile doit se résoudre à être moins éblouissant.

Une autre source d'erreurs & de fausses applications, est d'avoir laissé les idées de ce droit négatif trop vagues trop inexactes; ce qui sert à citer avec un air de preuve les exemples qui s'y rapportent le moins, à détourner vos Concitoyens de leur objet par la pompe de ceux qu'on leur présente, à soulever leur orgueil contre leur raison, & à les consoler doucement de n'être pas plus libres que les maîtres du monde. On fouille avec érudition dans l'obscurité des siécles, on vous promene avec faste chez les Peuples de l'antiquité. On vous étale successivement Athènes, Sparte, Rome, Carthage; on vous jette aux yeux le sable de la Lybie pour vous empêcher de voir ce qui se passe autour de vous.

Qu'on fixe avec précision, comme j'ai tâché de faire, ce droit négatif, tel que prétend l'exercer le Conseil; & je soutiens qu'il n'y eut jamais un seul Gouvernement sur la terre où le Législateur enchaîné de toutes manieres par le corps exécutif, après avoir livré les Loix sans réserve à sa merci, fut réduit à les lui voir expliquer, éluder, transgresser à volonté, sans pouvoir jamais apporter à cet abus d'autre opposition, d'autre droit, d'autre résistance qu'un murmure inutile & d'impuissantes clameurs.

Voyez en effet à quel point votre Anonyme est forcé de dénaturer la question, pour y rapporter moins mal-à-propos ses exemples.

Le droit négatif n'étant pas, dit-il page 110, *le pouvoir de faire des Loix, mais d'empêcher que tout le monde indistinctement ne puisse mettre en mouvement la puissance qui fait les Loix, & ne donnant pas la facilité d'innover, mais le pou-*

voir de s'oppofer aux innovations, va directement au grand but que fe propofe une fociété politique, qui eft de fe conferver en confervant fa conftitution.

Voila un droit négatif très raifonnable, & dans le fens expofé ce droit eft en effet une partie fi effencielle de la conftitution démocratique, qu'il feroit généralement impoffible qu'elle fe maintint, fi la Puiffance Légiflative pouvoit toujours être mife en mouvement par chacun de ceux qui la compofent. Vous concevez qu'il n'eft pas difficile d'apporter des exemples en confirmation d'un principe auffi certain.

Mais fi cette notion n'eft point celle du droit négatif en queftion, s'il n'y a pas dans ce paffage un feul mot qui ne porte à faux par l'application que l'Auteur en veut faire, vous m'avouerez que les preuves de l'avantage d'un droit négatif tout différent ne font pas fort concluantes en faveur de celui qu'il veut établir.

Le droit négatif n'est pas celui de faire des Loix. Non, mais il est celui de se passer de Loix. Faire de chaque acte de sa volonté une Loi particuliere est bien plus commode que de suivre des Loix générales, quand même on en seroit soi-même l'Auteur. *Mais d'empêcher que tout le monde indistinctement ne puisse mettre en mouvement la puissance qui fait les Loix.* Il falloit dire au lieu de cela : *mais d'empêcher que qui que ce soit ne puisse protéger les Loix contre la puissance qui les subjugue.*

Qui ne donnant pas la facilité d'innover..... Pourquoi non ? Qui est-ce qui peut empêcher d'innover celui qui a la force en main, & qui n'est obligé de rendre compte de sa conduite à personne ? *Mais le pouvoir d'empêcher les innovations.* Difons mieux ; *le pouvoir d'empêcher qu'on ne s'oppofe aux innovations.*

C'eft ici, Monfieur, le fophifme le plus fubtil, & qui revient le plus fouvent dans l'écrit que j'examine. Celui qui a la Puiffance exécutive n'a jamais befoin d'innover par des actions d'éclat. Il n'a jamais befoin de conftater cette innovation par des actes folemnels. Il lui fuffit, dans l'exercice continu de fa puiffance, de plier peu à peu chaque chofe à fa volonté, & cela ne fait jamais une fenfation bien forte.

Ceux au contraire qui ont l'œil affez attentif & l'efprit affez pénétrant pour remarquer ce progrès & pour en prévoir la conféquence, n'ont, pour l'arrêter qu'un de ces deux partis à prendre; ou de s'oppofer d'abord à la première innovation qui n'eft jamais qu'une bagatelle, & alors on les traite de gens inquiets, brouillons, pointilleux, toujours prêts à chercher querelle; ou bien de s'élever enfin contre un abus qui se renforce, & alors on crie à l'innovation. Je défie que, quoi que vos Magistrats entreprennent, vous puissiez en vous y opposant éviter à la fois ces deux reproches. Mais à choix, préférez le premier. Chaque fois que le Conseil altere quelque usage, il a son but que personne ne voit, & qu'il se garde bien de montrer. Dans le doute, arrêtez toujours toute nouveauté, petite ou grande. Si les Syndics étoient dans l'usage d'entrer au Conseil du pied droit, & qu'ils y voulussent entrer du pied gauche, je dis qu'il faudroit les en empêcher.

Nous avons ici la preuve bien sensible de la facilité de conclurre le pour & le contre par la méthode que suit notre Auteur: car appliquez au droit de Répréfentation des Citoyens, ce qu'il applique au droit négatif des Conseils, & vous trouverez que sa proposition générale convient encore mieux à votre application qu'à la sienne. *Le droit de Réprésentation*, direz-vous, *n'étant pas le droit de faire des Loix, mais d'empêcher que la puissance qui doit les administrer ne les transgresse, & ne donnant pas le pouvoir d'innover mais de s'opposer aux nouveautés, va directement au grand but que se propose une société politique ; celui de se conserver en conservant sa constitution.* N'est-ce pas exactement là ce que les Réprésentans avoient à dire, & ne semble-t-il pas que l'Auteur ait raisonné pour eux ? Il ne faut point que les mots nous donnent le change sur les idées. Le prétendu droit négatif du Conseil est réellement un droit positif, & le plus positif même que l'on puisse imaginer, puisqu'il rend le petit Conseil seul maître direct & abfolu de l'Etat & de toutes les Loix, & le droit de Représentation pris dans son vrai sens n'est lui-même qu'un droit négatif. Il consiste uniquement à empêcher la puissance exécutive de rien exécuter contre les Loix.

Suivons les aveux de l'Auteur sur les propositions qu'il présente; avec trois mots ajoûtés, il aura posé le mieux du monde votre état présent.

Comme il n'y auroit point de liberté dans un Etat où le corps chargé de l'exécution des Loix auroit droit de les faire parler à sa fantaisie, puisqu'il pourroit faire exécuter comme des Loix ses volontés les plus tyranniques.

Voila, je pense, un tableau d'après nature; vous allez voir un tableau de fantaisie mis en opposition.

Il n'y auroit point aussi de Gouvernement dans un Etat où le Peuple exerceroit sans regle la puissance Législative. D'accord ; mais qui est-ce qui a proposé que le peuple exerçât sans regle la puissance législative ?

Après avoir ainsi posé un autre droit négatif que celui dont il s'agit, l'Auteur s'inquiete beaucoup pour savoir où l'on doit placer ce droit négatif dont il ne s'agit point, & il établit là-dessus un principe qu'assurément je ne contesterai pas. C'est que, *si cette force négative peut sans inconvénient résider dans le Gouvernement, il sera de la nature & du bien de la chose qu'on l'y place*. Puis viennent les exemples, que je ne m'attacherai pas à suivre ; parce qu'ils sont trop éloignés de nous & de tout point étrangers à la question.

Celui seul de l'Angleterre qui est sous nos yeux & qu'il cite avec raison comme un modele de la juste balance des pouvoirs respectifs, mérite un moment d'examen, & je ne me permets ici qu'après lui la comparaison du petit au grand.

Malgré la puissance Royale, qui est très grande, la Nation n'a pas craint de donner encore au Roi la voix négative. Mais comme il ne peut se passer longtems de la puissance législative, & qu'il n'y auroit pas de sûreté pour lui à l'irriter, cette force négative n'est dans le fait qu'un moyen d'arrêter les entreprises de la puissance législative, & le Prince, tranquille dans la possession du pouvoir étendu que la Constitution lui assure sera intéressé à la protéger (b).

Sur ce raisonnement & sur l'application qu'on en veut faire, vous croiriez que le pouvoir exécutif du Roi d'Angleterre est plus grand que celui du Conseil à Genève que le droit négatif qu'a ce Prince est semblable à

(b) Page 117.

celui qu'usurpent vos Magistrats, que votre Gouvernement ne peut pas plus se passer que celui d'Angleterre de la puissance législative, & qu'enfin l'un & l'autre ont le même intérêt de protéger la constitution. Si l'Auteur n'a pas voulu dire cela qu'a-t-il donc voulu dire, & que fait cet exemple à son sujet?

C'est pourtant tout le contraire à tous égards. Le Roi d'Angleterre, revêtu par les Loix d'une si grande puissance pour les protéger, n'en a point pour les enfreindre: personne en pareil cas ne lui voudroit obéir, chacun craindroit pour sa tête; les Ministres eux-mêmes la peuvent perdre s'ils irritent le Parlement: on y examine sa propre conduite. Tout Anglois à l'abri des Loix peut braver la puissance Royale; le dernier du peuple peut exiger & obtenir la réparation la plus authentique s'il est le moins du monde offensé; supposé que le

Prince osât enfreindre la Loi dans la moindre chose, l'infraction seroit à l'instant relevée; il est sans droit & seroit sans pouvoir pour la soutenir.

Chez vous la Puissance du petit Conseil est absolue à tous égards; il est le Ministre & le Prince, la partie & le Juge tout-à-la-fois: il ordonne & il exécute; il cite, il saisit, il emprisonne, il juge, il punit lui-même : il a la force en main pour tout faire ; tous ceux qu'il employe sont irrécherchables ; il ne rend compte de sa conduite ni de la leur à personne ; il n'a rien à craindre du Législateur, auquel il a seul droit d'ouvrir la bouche, & devant lequel il n'ira pas s'accuser. Il n'est jamais contraint de réparer ses injustices, & tout ce que peut espérer de plus heureux l'innocent qu'il opprime, c'est d'échapper enfin sain & sauf, mais sans satisfaction ni dédomagement.

Jugez de cette différence par les faits les plus récens. On imprime à Londres un ouvrage violemment satyrique contre les Ministres, le Gouvernement, le Roi même. Les Imprimeurs sont arrêtés. La Loi n'autorise pas cet arrêt, un murmure public s'éleve, il faut les relâcher. L'affaire ne finit pas là: les Ouvriers prennent à leur tour le Magistrat à partie, & ils obtiennent d'immenses dommages & intérêts. Qu'on mette en parallele avec cette affaire celle du Sieur Bardin libraire à Geneve; j'en parlerai ci-après. Autre cas; il se fait un vol dans la Ville; sans indice & sur des soupçons en l'air un Citoyen est emprisonné contre les loix; sa maison est fouillée, on ne lui épargne aucun des affronts faits pour les malfaiteurs. Enfin son innocence est reconnue, il est relâché, il se plaint, on le laisse dire, & tout est fini.

Suppofons qu'à Londres j'euffe eu le malheur de déplaire à la Cour, que fans juftice & fans raifon elle eut faifi le prétexte d'un de mes Livres pour le faire brûler & me décréter. J'aurois préfenté requête au Parlement comme ayant été jugé contre les Loix; je l'aurois prouvé; j'aurois obtenu la fatisfaction la plus authentique, & le juge eut été puni, peut-être caffé.

Tranfportons maintenant M. Wilkes à Genève, difant, écrivant, imprimant, publiant contre le petit Confeil le quart de ce qu'il a dit, écrit, imprimé, publié hautement à Londres contre le Gouvernement la Cour le Prince. Je n'affirmerai pas abfolument qu'on l'eut fait mourir, quoique je le penfe; mais fûrement il eut été faifi dans l'inftant même, & dans peu très griévement puni (*c*).

On

(*c*) La Loi mettant M. Wilkes à couvert de ce

On dira que M. Wilkes étoit membre du corps législatif dans son pays; & moi, ne l'étois-je pas aussi dans le mien? Il est vrai que l'Auteur des Lettres veut qu'on n'ait aucun égard à la qualité de Citoyen. *Les regles*, dit-il, *de la procédure sont & doivent être égales pour tous les hommes: elles ne dérivent pas du droit de la Cité; elles émanent du droit de l'humanité* (*d*).

Heureusement pour vous le fait n'est pas vrai (*e*); & quant à la maxime, c'est sous

---

côté, il a fallu pour l'inquiéter prendre un autre tour, & c'est encore la Religion qu'on a fait intervenir dans cette affaire.

(*d*) Page 54.
(*e*) Le droit de recours à la grace n'appartenoit par l'Edit qu'aux Citoyens & Bourgeois; mais par leurs bons offices ce droit & d'autres furent communiqués aux natifs & habitans, qui, ayant fait cause commune avec eux, avoient besoin des mêmes précautions pour leur sûreté; les étrangers en sont demeurés exclus. L'on sent aussi que le choix

des mots très honnêtes cacher un sophisme bien cruel. L'intérêt du Magistrat, qui dans votre Etat le rend souvent partie contre le Citoyen, jamais contre l'étranger, exige dans le premier cas que la Loi prenne des pré-

---

de quatre parens ou amis pour assister le prévenu dans un procès criminel n'est pas fort utile à ces derniers; il ne l'est qu'à ceux que le Magistrat peut avoir intérêt de perdre, & à qui la Loi donne leur ennemi naturel pour Juge. Il est étonnant même qu'après tant d'exemples effrayans les Citoyens & Bourgeois n'aient pas pris plus de mesures pour la sûreté de leurs personnes, & que toute la matiere criminelle reste, sans Edits & sans Loix, presque abandonnée à la discrétion du Conseil. Un service pour lequel seul les Génevois & tous les hommes justes doivent bénir à jamais les Médiateurs est l'abolition de la question préparatoire. J'ai toujours sur les levres un rire amer quand je vois tant de beaux Livres, où les Européens s'admirent & se font compliment sur leur humanité, sortir des mêmes pays où l'on s'amuse à disloquer & briser les membres des hommes, en attendant qu'on sache s'ils sont coupables ou non. Je définis la torture un moyen presque infaillible employé par le fort pour charger le foible des crimes dont il le veut punir.

cautions beaucoup plus grandes pour que l'accusé ne soit pas condanné injustement. Cette distinction n'est que trop bien confirmée par les faits. Il n'y a peut-être pas, depuis l'établissement de la République, un seul exemple d'un jugement injuste contre un étranger, & qui comptera dans vos annales combien il y en a d'injustes & même d'atroces contre des Citoyens? Du reste, il est très vrai que les précautions qu'il importe de prendre pour la sûreté de ceux-ci peuvent sans inconvénient s'étendre à tous les prévenus, parce qu'elles n'ont pas pour but de sauver le coupable, mais de garantir l'innocent. C'est pour cela qu'il n'est fait aucune exception dans l'article XXX du réglement, qu'on voit assez n'être utile qu'aux Génevois. Revenons à la comparaison du droit négatif dans les deux Etats.

Celui du Roi d'Angleterre confifte en deux chofes ; à pouvoir feul convoquer & diffoudre le corps légiflatif, & à pouvoir rejetter les Loix qu'on lui propofe; mais il ne confifta jamais à empêcher la puiffance légiflative de connoître des infractions qu'il peut faire à la Loi.

D'ailleurs cette force négative eft bien tempérée; premiérement, par la Loi triennale (*f*) qui l'oblige de convoquer un nouveau Parlement au bout d'un certain tems; de plus, par fa propre néceffité qui l'oblige à le laiffer prefque toujours affemblé (*g*); enfin, par le droit négatif de la chambre des communes, qui en a, vis-à-vis de lui-même, un non

____

(*f*) Devenue feptennale par une faute dont les Anglois ne font pas à fe repentir.

(*g*) Le Parlement n'accordant les fubfides que pour une année, force ainfi le Roi de les lui redemander tous les ans.

moins puissant que le sien.

Elle est tempérée encore par la pleine autorité que chacune des deux Chambres une fois assemblées a sur elle-même ; soit pour proposer, traiter, discuter, examiner les Loix & toutes les matieres du Gouvernement ; soit par la partie de la puissance exécutive qu'elles exercent & conjointement & séparément ; tant dans la Chambre des Communes, qui connoit des griefs publics & des atteintes portées aux Loix, que dans la Chambre des Pairs, Juges suprêmes dans les matieres criminelles, & surtout dans celles qui ont rapport aux crimes d'Etat.

Voila, Monsieur, quel est le droit négatif du Roi d'Angleterre. Si vos Magistrats n'en réclament qu'un pareil, je vous conseille de ne le leur pas contester. Mais je ne vois point quel besoin, dans votre situation présente, ils peuvent jamais avoir de la puissance législative, ni ce qui peut les contraindre à la convoquer pour agir réellement, dans quelque cas que ce puisse être; puisque de nouvelles Loix ne font jamais nécessaires à gens qui sont au dessus des Loix, qu'un Gouvernement qui subsiste avec ses finances & n'a point de guerre n'a nul besoin de nouveaux impôts, & qu'en revêtant le corps entier du pouvoir des chefs qu'on en tire, on rend le choix de ces chefs presque indifférent.

Je ne vois pas même en quoi pourroit les contenir le Législateur, qui, quand il existe, n'existe qu'un instant, & ne peut jamais décider que l'unique point sur lequel ils l'interrogent.

Il est vrai que le Roi d'Angleterre peut faire la guerre & la paix; mais outre que cette puissance est plus apparente que réelle, du moins quant à la guerre, j'ai déja fait voir ci-devant & dans le Contract Social que ce n'eſt pas de cela qu'il s'agit pour vous, & qu'il faut renoncer aux droits honorifiques quand on veut jouir de la liberté. J'avoue encore que ce Prince peut donner & ôter les places au gré de ſes vues, & corrompre en détail le Légiſlateur. C'eſt préciſément ce qui met tout l'avantage du côté du Conſeil, à qui de pareils moyens ſont peu néceſſaires & qui vous enchaîne à moindres frais. La corruption eſt un abus de la liberté; mais elle eſt une preuve que la liberté exiſte, & l'on n'a pas beſoin de corrompre les gens que l'on tient en ſon pouvoir: quant aux places, ſans parler de celles dont le Conſeil diſpoſe ou par lui-même, ou par le Deux-Cent, il fait mieux pour les plus importantes; il les remplit de ſes propres membres, ce qui lui eſt plus avantageux encore; car on est toujours plus sûr de ce qu'on fait par ses mains que de ce qu'on fait par celles d'autrui. L'histoire d'Angleterre est pleine de preuves de la résistance qu'ont faite les Officiers royaux à leurs Princes, quand ils ont voulu transgresser les Loix. Voyez si vous trouverez chez vous bien des traits d'une résistance pareille faite au Conseil par les Officiers de l'Etat, même dans les cas les plus odieux? Quiconque à Genève est aux gages de la République cesse à l'instant même d'être Citoyen; il n'est plus que l'esclave & le satellite des vingt-cinq, prêt à fouler aux pieds la Patrie & les Loix sitôt qu'ils l'ordonnent. Enfin la Loi, qui ne laisse en Angleterre aucune puissance au Roi pour mal faire, lui en donne une très grande pour faire le bien; il ne paroit pas que ce soit de ce côté que le Conseil est jaloux d'étendre la sienne.

Les Rois d'Angleterre aſſurés de leurs avantages ſont intéreſſés à protéger la conſtitution préſente, parce qu'ils ont peu d'eſpoir de la changer. Vos Magiſtrats, au contraire, ſûrs de ſe ſervir des formes de la vôtre pour en changer tout à fait le fond, ſont intéreſſés à conſerver ces formes comme l'inſtrument de leurs uſurpations. Le dernier pas dangereux qu'il leur reſte à faire eſt celui qu'ils font aujourd'hui. Ce pas fait, ils pourront ſe dire encore plus intéreſſés que le Roi d'Angleterre à conſerver la conſtitution établie, mais par un motif bien différent. Voila toute la parité que je trouve entre l'état politique de l'Angleterre & le vôtre. Je vous laiſſe à juger dans lequel eſt la liberté.

Après cette comparaiſon, l'Auteur, qui ſe plait à vous préſenter de grands exemples, vous offre celui de l'ancienne Rome. Il lui reproche avec dédain ſes Tribuns brouillons & ſéditieux: Il déplore amérement ſous cette orageuſe adminiſtration le triſte ſort de cette malheureuſe Ville, qui pourtant n'étant rien encore à l'érection de cette Magiſtrature, eut ſous elle cinq cents ans de gloire & de proſpérités, & devint la capitale du monde. Elle finit enfin parce qu'il faut que tout finiſſe ; elle finit par les uſurpations de ſes Grands, de ſes Conſuls, de ſes Généraux qui l'envahirent: elle périt par l'excès de ſa puiſſance; mais elle ne l'avoit acquiſe que par la bonté de ſon Gouvernement. On peut dire en ce ſens que ſes Tribuns la détruiſirent (*b*).

(*b*) Les Tribuns ne ſortoient point de la Ville; ils n'avoient aucune autorité hors de ſes murs; auſſi les Conſuls pour ſe ſouſtraire à leur inſpection tenoient-ils quelquefois les Comices dans la campagne. Or les fers des Romains ne furent point forgés dans Rome, mais dans ſes armées, & ce fut par leurs

LETTRE. 179

Au refte je n'excufe pas les fautes du Peuple Romain, je les ai dites dans le Contract

conquêtes qu'ils perdirent leur liberté. Cette perte ne vint donc pas des Tribuns.

Il eft vrai que Céfar fe fervit d'eux comme Sylla s'étoit fervi du Sénat ; chacun prenoit les moyens qu'il jugeoit les plus prompts ou les plus fûrs pour parvenir : mais il falloit bien que quelqu'un parvint, & qu'importoit qui de Marius ou de Sylla, de Céfar ou de Pompée, d'Octave ou d'Antoine fut l'ufurpateur ? Quelque parti qui l'emportât, l'ufurpation n'en étoit pas moins inévitable ; il falloit des chefs aux Armées éloignées, & il étoit fûr qu'un de ces chefs deviendroit le maître de l'Etat: Le Tribunat ne faifoit pas à cela la moindre chofe.

Au refte, cette même fortie que fait ici l'Auteur des Lettres écrites de la Campagne fur les Tribuns du Peuple, avoit été déja faite en 1715 par M. de Chapeaurouge Confeiller d'Etat dans un Mémoire contre l'Office de Procureur général. M. Louis Le Fort, qui rempliffoit alors cette charge avec éclat, lui fit voir dans une très belle lettre en réponfe à ce Mémoire, que le crédit & l'autorité des Tribuns avoient été le falut de la République, & que fa deftruction n'étoit point venue d'eux, mais des Confuls. Sûrement le Procureur général Le Fort ne prévoyoit gueres par qui feroit renouvellé de nos jours le fentiment qu'il réfutoit fi bien.

Social; je l'ai blâmé d'avoir usurpé la puissance exécutive qu'il devoit seulement contenir (i). J'ai montré sur quels principes le Tribunat devoit être institué, les bornes qu'on devoit lui donner, & comment tout cela se pouvoit faire. Ces regles furent mal suivies à Rome; elles auroient pu l'être mieux. Toutefois voyez ce que fit le Tribunat avec ses abus, que n'eut-il point fait bien dirigé ? Je vois peu ce que veut ici l'Auteur des Lettres: pour conclurre contre lui-même j'aurois pris le même exemple qu'il a choisi.

Mais n'allons pas chercher si loin ces illustres exemples, si fastueux par eux-mêmes, & si trompeurs par leur application. Ne laissez point forger vos chaînes par l'amour-propre.

(i) Voyez le Contract Social Livre IV. Chap. V. Je crois qu'on trouvera dans ce Chapitre qui est fort court, quelques bonnes maximes sur cette matiere.

Trop petits pour vous comparer à rien, restez en vous-mêmes, & ne vous aveuglez point sur votre position. Les anciens Peuples ne sont plus un modele pour les modernes; ils leur sont trop étrangers à tous égards. Vous surtout, Génevois, gardez votre place, & n'allez point aux objets élevés qu'on vous présente pour vous cacher l'abyme qu'on creuse au devant de vous. Vous n'êtes ni Romains, ni Spartiates; vous n'êtes pas même Athéniens. Laissez-là ces grands noms qui ne vous vont point. Vous êtes des Marchands, des Artisans, des Bourgeois, toujours occupés de leurs intérêts privés de leur travail de leur trafic de leur gain; des gens pour qui la liberté même n'est qu'un moyen d'acquérir sans obstacle & de posséder en sûreté.

Cette situation demande pour vous des maximes particulieres. N'étant pas oisifs comme étoient les anciens Peuples; vous ne pouvez comme eux vous occuper sans cesse du Gouvernement: mais par cela même que vous pouvez moins y veiller de suite, il doit être institué de maniere qu'il vous soit plus aisé d'en voir les manœuvres & de pourvoir aux abus. Tout soin public que votre intérêt exige doit vous être rendu d'autant plus facile à remplir que c'est un soin qui vous coûte & que vous ne prenez pas volontiers. Car vouloir vous en décharger tout-à-fait c'est vouloir cesser d'être libres. Il faut opter, dit le Philosophe bienfaisant, & ceux qui ne peuvent supporter le travail n'ont qu'à chercher le repos dans la servitude.

Un peuple inquiet désœuvré remuant, &, faute d'affaires particulieres toujours prêt à se mêler de celles de l'Etat, a besoin d'être contenu, je le sais; mais encore un coup la

Bourgeoisie de Genève est-elle ce Peuple-là? Rien n'y ressemble moins; elle en est l'antipode. Vos Citoyens, tout absorbés dans leurs occupations domestiques & toujours froids sur le reste, ne songent à l'intérêt public que quand le leur propre est attaqué. Trop peu soigneux d'éclairer la conduite de leurs chefs, ils ne voyent les fers qu'on leur prépare que quand ils en sentent le poids. Toujours distraits, toujours trompés, toujours fixés sur d'autres objets, ils se laissent donner le change sur le plus important de tous, & vont toujours cherchant le remede, faute d'avoir su prévenir le mal. A force de compasser leurs démarches ils ne les font jamais qu'après coup. Leurs lenteurs les auroient déja perdus cent fois si l'impatience du Magistrat ne les eut sauvés, & si, pressé d'exercer ce pouvoir suprême auquel il aspire, il ne les eut lui-même avertis du danger.

Suivez l'hiftorique de votre Gouvernement, vous verrez toujours le Confeil, ardent dans fes entreprifes, les manquer le plus fouvent par trop d'empreffement à les accomplir, & vous verrez toujours la Bourgeoifie revenir enfin fur ce qu'elle a laiffé faire fans y mettre oppofition.

En 1570. l'Etat étoit obéré de dettes & affligé de plufieurs fléaux. Comme il étoit mal-aifé dans la circonftance d'affembler fouvent le Confeil général, on y propofe d'autorifer les Confeils de pourvoir aux befoins préfens: la propofition paffe. Ils partent de-là pour s'arroger le droit perpétuel d'établir des impôts, & pendant plus d'un fiécle on les laiffe faire fans la moindre oppofition.

En 1714. on fait par des vues fecrettes (k) l'en-

(k) Il en a été parlé ci-devant.

l'entreprise immense & ridicule des fortifications, sans daigner consulter le Conseil général, & contre la teneur des Edits. En conséquence de ce beau projet on établit pour dix ans des impôts sur lesquels on ne le consulte pas davantage. Il s'éleve quelques plaintes ; on les dédaigne ; & tout se tait.

En 1725 le terme des impôts expire; il s'agit de les prolonger. C'étoit pour la Bourgeoisie le moment tardif mais nécessaire de revendiquer son droit négligé si longtems. Mais la peste de Marseille & la Banque royale ayant dérangé le commerce, chacun occupé des dangers de sa fortune oublie ceux de sa liberté. Le Conseil, qui n'oublie pas ses vues, renouvelle en Deux-Cent les impôts, sans qu'il soit question du Conseil général.

A l'expiration du second terme les Citoyens se réveillent, & après cent soixante ans d'indolence, ils réclament enfin tout de bon leur droit. Alors au lieu de céder ou temporiser, on trame une conspiration (*l*). Le complot se

---

(*l*) Il s'agissoit de former, par une enceinte barricadée, une espece de Citadelle autour de l'élévation sur laquelle est l'Hôtel-de-Ville, pour asservir de-là tout le Peuple. Les bois déja préparés pour cette enceinte, un plan de disposition pour la garnir, les ordres donnés en conséquence aux Capitaines de la garnison, des transports de munitions & d'armes de l'Arsenal à l'Hôtel-de-Ville, le tamponnement de vingt-deux pieces de canon dans un boulevard éloigné, le transmarchement clandestin de plusieurs autres; en un mot tous les apprêts de la plus violente entreprise faits sans l'aveu des Conseils par le Syndic de la garde & d'autres Magistrats, ne purent suffire, quand tout cela fut découvert, pour obtenir qu'on fit le procès aux coupables, ni même qu'on improuvât nettement leur projet. Cependant la Bourgoisie, alors maîtresse de la Place, les laissa paisiblement sortir sans troubler leur retraite, sans leur faire la moindre insulte, sans entrer dans leurs maisons, sans inquiéter leurs familles, sans toucher à rien qui leur appartint. En tout autre pays le Peuple eut commencé par massacrer ces conspirateurs, & mettre leurs maisons au pillage.

découvre; les Bourgeois font forcés de prendre les armes, & par cette violente entreprise le Conseil perd en un moment un siécle d'usurpation.

A peine tout semble pacifié que, ne pouvant endurer cette espece de défaite, on forme un nouveau complot. Il faut derechef recourir aux armes; les Puissances voisines interviennent, & les droits mutuels sont enfin réglés.

En 1650. les Conseils inférieurs introduisent dans leurs corps une maniere de recueillir les suffrages, meilleure que celle qui est établie, mais qui n'est pas conforme aux Edits. On continue en conseil général de suivre l'ancienne où se glissent bien des abus, & cela dure cinquante ans & davantage, avant que les Citoyens songent à se plaindre de la contravention ou à demander l'introduction d'un pareil usage dans le Conseil dont ils sont membres. Ils la demandent enfin, & ce qu'il y a d'incroyable est qu'on leur oppose tranquillement ce même Edit qu'on viole depuis un demi-siécle.

En 1707. un Citoyen est jugé clandestinement contre les Loix, condanné, arquebusé dans la prison, un autre est pendu sur la déposition d'un seul faux-témoin connu pour tel, un autre est trouvé mort. Tout cela passe, & il n'en est plus parlé qu'en 1734. que quelqu'un s'avise de demander au Magistrat des nouvelles du Citoyen arquebusé trente ans auparavant.

En 1736 on érige des Tribunaux criminels sans Syndics. Au milieu des troubles qui régnoient alors, les Citoyens, occupés de tant d'autres affaires, ne peuvent songer à tout. En 1758. on repete la même manœuvre; celui qu'elle regarde veut se plaindre ; on le fait taire, & tout se tait. En 1762. on la renouvelle encore (*m*) : les Citoyens se plaignent enfin

---

(*m*) Et à quelle occasion ! Voila une inquisition d'Etat à faire frémir. Est-il concevable que dans un pays libre on punisse criminellement un Citoyen pour avoir, dans une lettre à un autre Citoyen non imprimée, raisonné en termes décens & mesurés sur la conduite du Magistrat envers un troisieme Citoyen ? Trouvez-vous des exemples de violences pareilles dans les Gouvernemens les plus absolus ? A la retraite de M. de Silhouette je lui écrivis une Lettre qui courut Paris. Cette Lettre étoit d'une hardiesse que je ne trouve pas moi-même exempte de blâme ; c'est peut-être la seule chose répréhensible que j'aye écrite en ma vie. Cependant m'a-t-on dit le moindre mot à ce sujet ? On n'y a pas même songé. En France on punit les libelles ; on fait très bien ; mais on laisse aux particuliers une liberté honnête de raisonner entre eux sur les affaires publiques, & il est inoui qu'on ait cherché querelle à quelqu'un pour avoir, dans des lettres restées manuscrites, dit son avis, sans satyre & sans invective, sur ce qui se fait dans les Tribunaux. Après avoir tant aimé le Gouvernement républicain faudra-t-il changer de sentiment dans ma vieillesse, & trouver enfin qu'il y a plus de véritable liberté dans les Monarchies que dans nos Républiques ?

l'année suivante. Le Conseil répond ; vous ve-, nez trop tard ; l'usage est établi.

En Juin 1762. un Citoyen que le Conseil avoit pris en haine est flétri dans ses Livres, & personnellement décrété contre l'Edit le plus formel. Ses parens étonnés demandent par requête communication du décret ; elle leur est refusée, & tout se tait. Au bout d'un an d'attente le Citoyen flétri voyant que nul ne proteste renonce à son droit de Cité. La Bourgeoisie ouvre enfin les yeux & réclame contre la violation de la Loi : il n'étoit plus tems.

Un fait plus mémorable par son espece, quoiqu'il ne s'agisse que d'une bagatelle est celui du Sieur Bardin. Un Libraire commet à son correspondant des exemplaires d'un Livre nouveau ; avant que les exemplaires arrivent le Livre est défendu. Le Libraire va déclarer au Magistrat sa commission, & demander ce qu'il doit faire. On lui ordonne d'avertir quand les exemplaires arriveront; ils arrivent, il les déclare, on les saisit; il attend qu'on les lui rende ou qu'on les lui paye; on ne fait ni l'un ni l'autre: il les redemande, on les garde. Il présente requête pour qu'ils soient renvoyés, rendus, ou payés: On refuse tout. Il perd ses Livres, & ce sont des hommes publics chargés de punir le vol, qui les ont gardés.

Qu'on pese bien toutes les circonstances de ce fait, & je doute qu'on trouve aucun autre exemple semblable dans aucun Parlement, dans aucun Sénat, dans aucun Conseil, dans aucun Divan, dans quelque Tribunal que ce puisse être. Si l'on vouloit attaquer le droit de propriété sans raison sans prétexte & jusques dans sa racine, il seroit impossible de s'y prendre plus ouvertement. Cependant l'affaire paffe, tout le monde fe tait, & fans des griefs plus graves il n'eut jamais été queftion de celui-là. Combien d'autres font reftés dans l'obfcurité faute d'occafions pour les mettre en évidence?

Si l'exemple précédent eft peu important en lui-même, en voici un d'un genre bien différent. Encore un peu d'attention, Monfieur, pour cette affaire, & je fupprime toutes celles que je pourrois ajoûter.

Le 20 Novembre 1763 au Confeil général affemblé pour l'élection du Lieutenant & du Tréforier, les Citoyens remarquent une différence entre l'Edit imprimé qu'ils ont & l'Edit manufcrit dont un Sécrétaire d'État fait lecture, en ce que l'élection du Tréforier doit par le premier fe faire avec celle des Syndics, & par le fecond avec celle du Lieutenant. Ils remarquent, de plus, que l'élection du Tréforier qui felon l'Edit doit fe faire tous les trois ans, ne fe fait que tous les fix ans felon l'ufage, & qu'au bout des trois ans on fe contente de propofer la confirmation de celui qui eft en place.

Ces différences du texte de la Loi entre le Manufcrit du Confeil & l'Edit imprimé, qu'on n'avoit point encore obfervées, en font remarquer d'autres qui donnent de l'inquiétude fur le refte. Malgré l'expérience qui apprend aux Citoyens l'inutilité de leurs Repréfentations les mieux fondées, ils en font à ce fujet de nouvelles, demandant que le texte original des Edits foit dépofé en Chancellerie ou dans tel autre lieu public au choix du Confeil, où l'on puiffe comparer ce texte avec l'imprimé.

Or vous vous rappellerez, Monfieur, que par l'Article XLII de l'Edit de 1738 il eft dit qu'on fera imprimer *au plutôt* un Code général des Loix de l'Etat, qui contiendra tous les Edits & Réglemens. Il n'a pas encore été question de ce Code au bout de vingt six ans, & les Citoyens ont gardé le silence (*n*).

Vous vous rappellerez encore que, dans un Mémoire imprimé en 1745, un membre proscrit des Deux-Cents jetta de violens soupçons sur la fidélité des Edits imprimés en 1713 & réimprimés en 1735, deux époques également

―――――――――――――――――――――

(*n*) De quelle excuse de quel prétexte peut-on couvrir l'inobservation d'un Article aussi exprès & aussi important ? Cela ne se conçoit pas. Quand par hazard on en parle à quelques Magistrats, en conversation, ils répondent froidement. *Chaque Edit particulier est imprimé, rassemblez-les.* Comme si l'on étoit sûr que tout fut imprimé, & comme si le recueil de ces chiffons formoit un corps de Loix complet, un code général revêtu de l'authenticité requise & tel que l'annoce l'Article XLII ! Est-ce ainsi que ces Messieurs remplissent un engagement aussi formel ? Quelles conséquences sinistres ne pourroit-on pas tirer de pareilles omissions ?

ment suspectes. Il dit avoir collationné sur des Edits manuscrits ces imprimés, dans lesquels il affirme avoir trouvé quantité d'erreurs dont il a fait note, & il rapporte les propres termes d'un Edit de 1556, omis tout entier dans l'imprimé. A des imputations si graves le Conseil n'a rien répondu, & les Citoyens ont gardé le silence.

Accordons, si l'on veut, que la dignité du Conseil ne lui permettoit pas de répondre alors aux imputations d'un proscrit. Cette même dignité, l'honneur compromis, la fidélité suspectée exigeoient maintenant une vérification que tant d'indices rendoient nécessaire, & que ceux qui la demandoient avoient droit d'obtenir.

Point du tout. Le petit Conseil justifie le changement fait à l'Edit par un ancien usage auquel le Conseil général ne s'étant pas opposé dans son origine n'a plus droit de s'opposer aujourd'hui.

Il donne pour raison de la différence qui est entre le Manuscrit du Conseil & l'imprimé, que ce Manuscrit est un recueil des Edits avec les changemens pratiqués, & consentis par le silence du Conseil général; au lieu que l'imprimé n'est que le recueil des mêmes Edits, tels qu'ils ont passé en Conseil général.

Il justifie la confirmation du Trésorier contre l'Edit qui veut que l'on en élise un autre, encore par un ancien usage. Les Citoyens n'apperçoivent pas une contravention aux Edits qu'il n'autorise par des contraventions antérieures: ils ne font pas une plainte qu'il ne rebute, en leur reprochant de ne s'être pas plaints plutôt.

Et quant à la communication du texte original des Loix, elle est nettement refusée (*o*); soit *comme étant contraire aux regles*; soit parce que les Citoyens & Bourgeois *ne doivent*

(*o*) Ces refus si durs & si sûrs à toutes les Répréfentations les plus raifonnables & les plus juftes paroiffent peu naturels. Eft-il concevable que le Confeil de Genève, compofé dans fa majeure partie d'hommes éclairés & judicieux, n'ait pas fenti le fcandale odieux & même effrayant de refufer à des hommes libres, à des membres du Légiflateur, la communication du texte authentique des Loix, & de fomenter ainfi comme à plaifir des foupçons produits par l'air de myftere & de ténebres dont il s'environne fans ceffe à leurs yeux? Pour moi, je penche à croire que ces refus lui coûtent, mais qu'il s'eft prefcrit pour regle de faire tomber l'ufage des Répréfentations, par des réponfes conftamment négatives. En effet eft-il à préfumer que les hommes les plus patiens ne fe rebutent pas de demander pour ne rien obtenir? Ajoutez la propofition déja faite en Deux-Cent d'informer contre les Auteurs des dernieres Répréfentations, pour avoir ufé d'un droit que la Loi leur donne. Qui voudra déformais s'expofer à des pourfuites pour des démarches qu'on fait d'avance être fans fuccès? Si c'eft là le plan que s'eft fait le petit Confeil, il faut avouer qu'il le fuit très bien.

connoître d'autre texte des Loix que le texte imprimé, quoique le petit Conseil en suive un autre & le fasse suivre en Conseil général (p).

Il est donc contre les regles que celui qui a passé un acte ait communication de l'original de cet acte, lorsque les variantes dans les copies les lui font soupçonner de falsification ou d'incorrection, & il est dans la regle qu'on ait deux différens textes des mêmes Loix, l'un pour les particuliers & l'autre pour le Gouvernement! Ouïtes-vous jamais rien de semblable? Et toutefois sur toutes ces découvertes tardives, sur tous ces refus révoltans, les Citoyens, éconduits dans leurs demandes les plus légitimes, se taisent, attendent, & demeurent en repos.

(p) Extrait des Regiſtres du Conſeil du 7. Décembre 1763 en réponſe aux Répréſentations verbales faites le 21 Novembre par ſix Citoyens ou Bourgeois.

LETTRE.

Voila, Monsieur, des faits notoires dans votre Ville, & tous plus connus de vous que de moi ; j'en pourrois ajouter cent autres, sans compter ceux qui me sont échapés. Ceux-ci suffiront pour juger si la Bourgeoisie de Genève est ou fut jamais, je ne dis pas remuante & séditieuse, mais vigilante, attentive, facile à s'émouvoir pour défendre ses droits les mieux établis & le plus ouvertement attaqués ?

On nous dit qu'*une Nation vive, ingénieuse & très occupée de ses droits politiques auroit un extrême besoin de donner à son Gouvernement une force négative* (*q*). En expliquant cette force négative on peut convenir du principe ; mais est-ce à vous qu'on en veut faire l'application ? A-t-on donc oublié qu'on vous

---

(*q*) Page 170.

donne ailleurs plus de sang-froid qu'aux autres Peuples (r)? Et comment peut-on dire que celui de Genève s'occupe beaucoup de ses droits politiques, quand on voit qu'il ne s'en occupe jamais que tard, avec répugnance, & seulement quand le péril le plus pressant l'y contraint? De sorte qu'en n'attaquant pas si brusquement les droits de la Bourgeoisie, il ne tient qu'au Conseil qu'elle ne s'en occupe jamais.

Mettons un moment en parallele les deux partis pour juger duquel l'activité est le plus à craindre, & où doit être placé le droit négatif pour modérer cette activité.

D'un côté je vois un peuple très-peu nombreux, paisible & froid, composé d'hommes labo-

_____

(r) Page 154.

laborieux, amateurs du gain, soumis pour leur propre intérêt aux Loix & à leurs Ministres, tout occupés de leur négoce ou de leurs métiers ; tous , égaux par leurs droits & peu distingués par la fortune, n'ont entre eux ni chefs ni cliens ; tous , tenus par leur commerce par leur état par leurs biens dans une grande dépendance du Magistrat , ont à le ménager ; tous craignent de lui déplaire ; s'ils veulent se mêler des affaires publiques c'est toujours au préjudice des leurs. Distraits d'un côté par des objets plus intéressans pour leurs familles; de l'autre, arrêtés par des considérations de prudence , par l'expérience de tous les tems, qui leur apprend combien dans un aussi petit Etat que le vôtre où tout particulier est incessamment sous les yeux du Conseil il est dangereux de l'offenser, ils sont portés par les raisons les plus fortes à tout sacri-

Partie II.   P

fier à la paix; car c'est par elle seule qu'ils peuvent prospérer; & dans cet état de choses chacun trompé par son intérêt privé aime encore mieux être protégé que libre, & fait sa cour pour faire son bien.

De l'autre côté je vois dans une petite Ville, dont les affaires sont au fond très peu de chose, un corps de Magistrats indépendant & perpétuel, presque oisif par état, faire sa principale occupation d'un intérêt très grand, & très naturel pour ceux qui commandent; c'est d'accroitre incessamment son empire; car l'ambition comme l'avarice se nourrit de ses avantages, & plus on étend sa puissance, plus on est dévoré du désir de tout pouvoir. Sans cesse attentif à marquer des distances trop peu sensibles dans ses égaux de naissance, il ne voit en eux que ses inférieurs, & brûle d'y voir ses sujets. Armé de toute la force publique, dépositaire de toute l'autorité, interprête & dispensateur des Loix qui le gênent, il s'en fait une arme offensive & défensive, qui le rend rédoutable, respectable, sacré pour tous ceux qu'il veut outrager. C'est au nom même de la Loi qu'il peut la transgresser impunément. Il peut attaquer la constitution en feignant de la défendre; il peut punir comme un rebelle quiconque ose la défendre en effet. Toutes les entreprises de ce corps lui deviennent faciles; il ne laisse à personne le droit de les arrêter ni d'en connoître: il peut agir, différer, suspendre; il peut séduire effrayer punir ceux qui lui résistent, & s'il daigne employer pour cela des prétextes, c'est plus par bienséance que par nécessité. Il a donc la volonté d'étendre sa puissance, & le moyen de parvenir à tout ce qu'il veut. Tel est l'état rélatif du petit Conseil & de la Bourgeoisie de

Genève. Lequel de ces deux corps doit avoir le pouvoir négatif pour arrêter les entreprises de l'autre ? L'Auteur des Lettres assure que c'est le premier.

Dans la plupart des Etats les troubles internes viennent d'une populace abrutie & stupide, échauffée d'abord par d'insupportables vexations, puis ameutée en secret par des brouillons adroits, revêtus de quelque autorité qu'ils veulent étendre. Mais est-il rien de plus faux qu'une pareille idée appliquée à la Bourgeoisie de Genève, à sa partie au moins qui fait face à la puissance pour le maintien des Loix? Dans tous les tems cette partie a toujours été l'ordre moyen entre les riches & les pauvres, entre les chefs de l'Etat & la populace. Cet ordre, composé d'hommes à-peu-près égaux en fortune, en état, en lumieres, n'est ni assez élevé pour avoir des prétentions, ni assez bas pour n'avoir rien à perdre. Leur grand intérêt leur intérêt commun est que les Loix soient observées, les Magistrats respectés, que la constitution se soutienne & que l'Etat soit tranquille. Personne dans cet ordre ne jouït à nul égard d'une telle supériorité sur les autres qu'il puisse les mettre en jeu pour son intérêt particulier. C'est la plus saine partie de la République, la seule qu'on soit assuré ne pouvoir dans sa conduite se proposer d'autre objet que le bien de tous. Aussi voit-on toujours dans leurs démarches communes une décence, une modestie, une fermeté respectueuse, une certaine gravité d'hommes qui se sentent dans leur droit & qui se tiennent dans leur devoir. Voyez, au contraire, de quoi l'autre parti s'étaye ; de gens qui nagent dans l'opulence, & du peuple le plus abject. Est-ce dans ces deux extrêmes, l'un fait pour acheter l'autre pour se vendre, qu'on doit chercher l'amour de la justice & des loix? C'est par eux toujours que l'Etat dégénère: Le riche tient la Loi dans sa bourse, & le pauvre aime mieux du pain que la liberté. Il suffit de comparer ces deux partis pour juger lequel doit porter aux Loix la premiere atteinte; & cherchez en effet dans votre histoire si tous les complots ne sont pas toujours venus du côté de la Magistrature, & si jamais les Citoyens ont eu recours à la force que lorsqu'il l'a fallu pour s'en garantir?

On raille, sans doute, quand, sur les conséquences du droit que réclament vos Concitoyens, on vous représente l'Etat en proye à la brigue, à la séduction, au premier venu. Ce droit négatif que veut avoir le Conseil fut inconnu jusqu'ici; quels maux en est-il arrivé? Il en fut arrivé d'affreux s'il eut voulu s'y tenir quand la Bourgeoisie a fait valoir le sien. Rétorquez l'argument qu'on tire de deux cents ans de prospérité; que peut-on répondre? Ce Gouvernement, direz-vous, établi par le tems, soutenu par tant de titres, autorisé par un si long usage, consacré par ses succès, & où le droit négatif des Conseils fut toujours ignoré, ne vaut-il pas bien cet autre Gouvernement arbitraire, dont nous ne connoissons encore ni les propriétés, ni ses rapports avec notre bonheur, & où la raison ne peut nous montrer que le comble de notre misere?

Supposer tous les abus dans le parti qu'on attaque & n'en supposer aucun dans le sien, est un sophisme bien grossier & bien ordinaire, dont tout homme sensé doit se garantir. Il faut supposer des abus de part & d'autre, parce qu'il s'en glisse par tout; mais ce n'est pas à dire qu'il y ait égalité dans leurs conséquences. Tout abus est un mal, souvent inévitable, pour lequel on ne doit pas proscrire ce qui est bon en soi. Mais comparez, & vous trouverez d'un côté des maux sûrs, des maux terribles sans borne & sans fin ; de l'autre l'abus même difficile, qui s'il est grand sera passager, & tel, que quand il a lieu il porte toujours avec lui son remede. Car encore une fois il n'y a de liberté possible que dans l'observation des Loix ou de la volonté générale, & il n'est pas plus dans la volonté générale de nuire à tous, que dans la volonté particuliere de nuire à soi-même. Mais supposons cet abus de la liberté aussi naturel que l'abus de la puissance. Il y aura toujours cette différence entre l'un & l'autre, que l'abus de la liberté tourne au préjudice du peuple qui en abuse, & le punissant de son propre tort le force à en chercher le remede ; ainsi de ce côté le mal n'eft jamais qu'une crife, il ne peut faire un état permanent. Au lieu que l'abus de la puiſſance ne tournant point au préjudice du puiſſant mais du foible, eſt par fa nature fans meſure fans frein fans limites: Il ne finit que par la deſtruction de celui qui feul en reſſent le mal. Difons donc qu'il faut que le Gouvernement appartienne au petit nombre, l'inſpection ſur le Gouvernement à la généralité, & que ſi de part ou d'autre l'abus eſt inévitable, il vaut encore mieux qu'un peuple ſoit malheureux par ſa faute qu'opprimé ſous la main d'autrui.

Le premier & le plus grand intérêt public eſt toujours la juſtice. Tous veulent que les conditions ſoient égales pour tous, & la juſtice n'eſt que cette égalité. Le Citoyen ne veut que les Loix & que l'obſervation des Loix. Chaque particulier dans le peuple fait bien que s'il y a des exceptions, elles ne se-ront pas en sa faveur. Ainsi tous craignent les exceptions, & qui craint les exceptions aime la Loi. Chez les Chefs c'est toute autre chose: leur état même est un état de préférence, & ils cherchent des préférences par tout (s). S'ils veulent des Loix, ce n'est pas pour leur obéir, c'est pour en être les arbitres. Ils veulent des Loix pour se mettre à leur place & pour se faire craindre en leur nom. Tout les favo-rise dans ce projet. Ils se servent des droits

---

(s) La justice dans le peuple est une vertu d'é-tat; la violence & la Tyrannie est de même dans les Chefs un vice d'état. Si nous étions à leurs places nous autres particuliers, nous deviendrions comme eux violens usurpateurs iniques. Quand des Magis-trats viennent donc nous prêcher leur intégrité leur modération, leur justice, ils nous trompent, s'ils veulent obtenir ainsi la confiance que nous ne leur devons pas: non qu'ils ne puissent avoir personnel-lément ces vertus dont ils se vantent; mais alors ils font une exception; & ce n'est pas aux exceptions que la Loi doit avoir égard.

qu'ils ont pour ufurper fans rifque ceux qu'ils n'ont pas. Comme ils parlent toujours au nom de la Loi, même en la violant, quiconque ofe la défendre contre eux eft un féditieux un rebelle: il doit périr; & pour eux, toujours fûrs de l'impunité dans leurs entreprifes, le pis qui leur arrive eft de ne pas réuffir. S'ils ont befoin d'appuis, par tout ils en trouvent. C'eft une ligue naturelle que celle des forts, & ce qui fait la foibleffe des foibles eft de ne pouvoir fe liguer ainfi. Tel eft le deftin du peuple d'avoir toujours au dedans & au dehors fes parties pour juges. Heureux! quand il en peut trouver d'affez équitables pour le protéger contre leurs propres maximes, contre ce fentiment fi gravé dans le cœur humain d'aimer & favorifer les intérêts femblables aux nôtres. Vous avez eu cet avantage une fois, & ce fut contre toute attente. Quand la Médiation fut acceptée, on vous crut écrasés : mais vous eutes des défenseurs éclairés & fermes, des Médiateurs integres & généreux ; la justice & la vérité triompherent. Puissiez-vous être heureux deux fois ! vous aurez joui d'un bonheur bien rare, & dont vos oppresseurs ne paroissent guere allarmés.

Après vous avoir étalé tous les maux imaginaires d'un droit aussi ancien que votre Constitution & qui jamais n'a produit aucun mal, on pallie on nie ceux du Droit nouveau qu'on usurpe & qui se font sentir dès aujourd'hui. Forcé d'avouer que le Gouvernement peut abuser du droit négatif jusqu'à la plus intolérable tyrannie, on affirme que ce qui arrive n'arrivera pas, & l'on change en possibilité sans vraisemblance ce qui se passe aujourd'hui sous vos yeux. Personne, ose-t-on dire, ne dira que le Gouvernement ne soit équitable & doux; & remarquez que cela se dit en réponse à des Représentations où l'on se plaint des injustices & des violences du Gouvernement. C'est là vraiment ce qu'on peut appeler du beau style: c'est l'éloquence de Périclès, qui renversé par Thucydide à la lutte, prouvoit aux spectateurs que c'étoit lui qui l'avoit terrassé.

Ainsi donc en s'emparant du bien d'autrui sans prétexte, en emprisonnant sans raison les innocens, en flétrissant un Citoyen sans l'ouïr, en jugeant illégalement un autre, en protégeant les Livres obscenes, en brûlant ceux qui respirent la vertu, en persécutant leurs auteurs, en cachant le vrai texte des Loix, en refusant les satisfactions les plus justes, en exerçant le plus dur despotisme, en détruisant la liberté qu'ils devroient défendre, en opprimant la Patrie dont ils devroient être les peres, ces Messieurs se font compliment à eux-mêmes sur la grande équité de leurs jugemens, ils s'extasient sur la douceur de leur administration, ils affirment avec confiance que tout le monde est de leur avis sur ce point. Je doute fort, toutefois, que cet avis soit le vôtre, & je suis sûr au moins qu'il n'est pas celui des Représentans.

Que l'intérêt particulier ne me rende point injuste. C'est de tous nos penchans celui contre lequel je me tiens le plus en garde & auquel j'espere avoir le mieux résisté. Votre Magistrat est équitable dans les choses indifférentes, je le crois porté même à l'être toujours; ses places sont peu lucratives; il rend la justice & ne la vend point; il est personnellement integre, désintéressé, & je sais que dans ce Conseil si despotique il regne encore de la droiture & des vertus. En vous montrant les conséquences du droit négatif je vous ai moins dit ce qu'ils feront devenus Souverains, que ce qu'ils continueront à faire pour l'être. Une fois reconnus tels leur intérêt fera d'être toujours justes, & il l'est dès aujourd'hui d'être justes le plus souvent: mais malheur à quiconque osera recourir aux Loix encore, & réclamer la liberté! C'est contre ces infortunés que tout devient permis, légitime. L'équité, la vertu, l'intérêt même ne tiennent point devant l'amour de la domination, & celui qui sera juste étant le maître n'épargne aucune injustice pour le devenir.

Le vrai chemin de la Tyrannie n'est point d'attaquer directement le bien public; ce seroit réveiller tout le monde pour le défendre; mais c'est d'attaquer successivement tous ses défenseurs, & d'effrayer quiconque oseroit encore aspirer à l'être. Persuadez à tous que l'intérêt public n'eſt celui de perſonne, & par cela ſeul la ſervitude eſt établie ; car quand chacun ſera ſous le joug où ſera la liberté commune ? Si quiconque oſe parler eſt écraſé dans l'inſtant même, où ſeront ceux qui voudront l'imiter, & quel ſera l'organe de la généralité quand chaque individu gardera le ſilence ? Le Gouvernement ſévira donc contre les zélés & ſera juſte avec les autres, juſqu'à ce qu'il puiſſe être injuſte avec tous impunément. Alors ſa juſtice ne ſera plus qu'une économie pour ne pas diſſiper ſans raiſon ſon propre bien.

Il y a donc un ſens dans lequel le Conſeil eſt juſte, & doit l'être par intérêt : mais il y en a un dans lequel il eſt du ſyſtême qu'il s'eſt fait d'être ſouverainement injuſte, & mille exemples ont du vous apprendre combien la protection des Loix eſt inſuffiſante contre la hai-

ne

he du Magistrat. Que sera-ce, lorsque devenu seul maître absolu par son droit négatif il ne sera plus gêné par rien dans sa conduite, & ne trouvera plus d'obstacle à ses passions ? Dans un si petit Etat où nul ne peut se cacher dans la foule, qui ne vivra pas alors dans d'éternelles frayeurs, & ne sentira pas à chaque instant de sa vie le malheur d'avoir ses égaux pour maîtres ? Dans les grands Etats les particuliers sont trop loin du Prince & des chefs pour en être vus, leur petitesse les sauve, & pourvû que le peuple paye on le laisse en paix. Mais vous ne pourrez faire un pas sans sentir le poids de vos fers. Les parens, les amis, les protégés, les espions de vos maîtres seront plus vos maîtres qu'eux; vous n'oserez ni défendre vos droits ni réclamer votre bien, crainte de vous faire des ennemis; les recoins les plus obscurs ne pourront vous dérober à la

Partie II. Q

NEUVIEME

Tyrannie, il faudra nécessairement en être satellite ou victime : Vous sentirez à la fois l'esclavage politique & le civil, à peine oserez-vous respirer en liberté. Voila, Monsieur, où doit naturellement vous mener l'usage du droit négatif tel que le Conseil se l'arroge. Je crois qu'il n'en voudra pas faire un usage aussi funeste, mais il le pourra certainement, & la seule certitude qu'il peut impunément être injuste, vous fera sentir les mêmes maux que s'il l'étoit en effet.

Je vous ai montré, Monsieur, l'état de votre Constitution tel qu'il se présente à mes yeux. Il résulte de cet exposé que cette Constitution, prise dans son ensemble est bonne & saine, & qu'en donnant à la liberté ses véritables bornes, elle lui donne en même tems toute la solidité qu'elle doit avoir. Car le Gouvernement ayant un droit négatif contre les innovations du Législateur, & le Peuple un droit négatif contre les usurpations du Conseil, les Loix seules régnent & régnent sur tous; le premier de l'Etat ne leur est pas moins soumis que le dernier, aucun ne peut les enfreindre, nul intérêt particulier ne peut les changer, & la Constitution demeure inébranlable.

Mais si au contraire les Ministres des Loix en deviennent les seuls arbitres, & qu'ils puissent les faire parler ou taire à leur gré: si le droit de Représentation seul garant des Loix & de la liberté n'est qu'un droit illusoire & vain qui n'ait en aucun cas aucun effet nécessaire; je ne vois point de servitude pareille à la vôtre, & l'image de la liberté n'est plus chez vous qu'un leurre méprisant & puérile, qu'il est même indécent d'offrir à des hommes sensés. Que sert alors d'assembler le Législateur, puisque la volonté du Conseil est l'unique Loi ? Que sert d'élire solemnellement des Magistrats qui d'avance étoient déja vos Juges, & qui ne tiennent de cette élection qu'un pouvoir qu'ils exerçoient auparavant ? Soumettez-vous de bonne grace, & renoncez à ces jeux d'enfants, qui, devenus frivoles, ne sont pour vous qu'un avilissement de plus.

Cet état étant le pire où l'on puisse tomber n'a qu'un avantage; c'est qu'il ne sauroit changer qu'en mieux. C'est l'unique ressource des maux extrêmes; mais cette ressource est toujours grande, quand des hommes de sens & de cœur la sentent & savent s'en prévaloir. Que la certitude de ne pouvoir tomber plus bas que vous n'êtes doit vous rendre fermes dans vos démarches ! mais soyez sûrs que vous ne sortirez point de l'abîme, tant que vous serez divisés, tant que les uns voudront agir & les autres rester tranquilles.

Me voici, Monsieur, à la conclusion de ces Lettres. Après vous avoir montré l'état où vous êtes, je n'entreprendrai point de vous tracer la route que vous devez suivre pour en sortir. S'il en est une, étant sur les lieux mêmes, vous & vos Concitoyens la devez voir mieux que moi; quand on sait où l'on est & où l'on doit aller, on peut se diriger sans peine.

L'Auteur des Lettres dit que *si on remarquoit dans un Gouvernement une pente à la violence il ne faudroit pas attendre à la redresser que la Tyrannie s'y fut fortifiée* (t). Il dit encore, en supposant un cas qu'il traite à la vérité de chimere, *qu'il resteroit un remede triste mais légal, & qui dans ce cas extrême pourroit être employé comme on employe la main d'un*

───────────────

(t) Page 172.

Chirurgien, *quand la gangrène se déclare* (v). Si vous êtes ou non dans ce cas supposé chimérique, c'est ce que je viens d'examiner. Mon conseil n'est donc plus ici nécessaire; l'Auteur des Lettres vous l'a donné pour moi. Tous les moyens de réclamer contre l'injustice sont permis quand ils sont paisibles, à plus forte raison sont permis ceux qu'autorisent les loix.

Quand elles sont transgressées dans des cas particuliers vous avez le droit de Répresentation pour y pourvoir. Mais quand ce droit même est contesté, c'est le cas de la garantie. Je ne l'ai point mise au nombre des moyens qui peuvent rendre efficace une Répresentation, les Médiateurs eux-mêmes n'ont point entendu l'y mettre, puisqu'ils ont déclaré ne

_____

(v) Page 101.

vouloir porter nulle atteinte à l'indépendance de l'Etat, & qu'alors, cependant, ils auroient mis, pour ainsi dire, la Clef du Gouvernement dans leur poche (x). Ainsi dans le cas particulier l'effet des Répréfentations rejettées est de produire un Conseil général; mais l'effet du droit même de Répréfentation rejetté paroit être le recours à la garantie. Il faut que la machine ait en elle-même tous les ressorts qui doivent la faire jouer: quand elle s'arrête, il faut appeller l'Ouvrier pour la remonter.

―――――――――――――――

(x) La conféquence d'un tel fystême eut été d'établir un Tribunal de la Médiation réfident à Genève, pour connoître des transgreffions des Loix. Par ce Tribunal la fouveraineté de la République eut bientôt été détruite, mais la liberté des Citoyens eut été beaucoup plus affurée qu'elle ne peut l'être fi l'on ôte le droit de Répréfentation. Or de n'être Souverain que de nom ne fignifie pas grand-chofe, mais d'être libre en effet fignifie beaucoup.

NEUVIEME

Je vois trop où va cette reſſource, & je ſens encore mon cœur patriote en gémir. Auſſi, je le repete, je ne vous propoſe rien; qu'oſerois-je dire? Délibérez avec vos Concitoyens & ne comptez les voix qu'après les avoir peſées. Défiez-vous de la turbulente jeuneſſe, de l'opulence inſolente & de l'indigence vénale; nul ſalutaire conſeil ne peut venir de ces côtés-là. Conſultez ceux qu'une honnête médiocrité garantit des ſéductions de l'ambition & de la miſere; ceux dont une honorable vieilleſſe couronne une vie ſans reproche; ceux qu'une longue expérience a verſés dans les affaires publiques; ceux qui, ſans ambition dans l'Etat n'y veulent d'autre rang que celui de Citoyens; enfin ceux qui n'ayant jamais eu pour objet dans leurs démarches que le bien de la patrie & le maintien des Loix, ont mérité par leurs vertus l'eſtime du public, & la confiance de leurs égaux.

Mais surtout réunissez-vous tous. Vous êtes perdus sans ressource si vous restez divisés. Et pourquoi le seriez-vous, quand de si grands intérêts communs vous unissent? Comment dans un pareil danger la basse jalousie & les petites passions osent-elles se faire entendre? Valent-elles qu'on les contente à si haut prix, & faudra-t-il que vos enfans disent un jour en pleurant sur leurs fers; voila le fruit des dissentions de nos peres? En un mot, il s'agit moins ici de délibération que de concorde; le choix du parti que vous prendrez n'est pas la plus grande affaire: Fut-il mauvais en lui-même, prenez-le tous ensemble; par cela seul il deviendra le meilleur, & vous ferez toujours ce qu'il faut faire pourvu que vous le fassiez de concert. Voila mon avis, Monsieur, & je finis par où j'ai com-

226 NEUVIEME

mencé. En vous obéissant j'ai rempli mon dernier devoir envers la Patrie. Maintenant je prends congé de ceux qui l'habitent ; il ne leur reste aucun mal à me faire, & je ne puis plus leur faire aucun bien.

FIN.

CATA-

CATALOGUE DE LIVRES

Qu'on trouve chez MARC MICHEL REY
Libraire à Amsterdam.

Oeuvres de Jean Jaques Rousseau, in douze 8. vol. fig. Amsterdam.
Représentations des Citoyens & Bourgeois de Genève au premier Sindic de cette République, avec les réponses du Conseil à ces représentations. 8. 1763.
Bibliotheque de Campagne ou amusemens de l'Esprit & du Cœur. 12. 12 vol. avec 12 Frontispices & 12 Vignettes analogues aux sujets, dessinés par Mr. Bolomey gravés par Mr. Boily.
Considérations sur le Gouvernement ancien & présent de la France, par le Marquis d'*Argenson* 8. 1. vol. Amsterdam. 1764.
Considérations sur les Corps organisez par Mr. Bonnet. 8. Amsterdam. 1764.
Contemplation de la Nature par le même 2 vol. 8. Amsterdam. 1764.
Traité de la connoissance de soi-même par *Jean Mason*, maître-és arts, traduit de l'Anglois par *Jaques Abel Brunier* Pasteur de l'Eglise Françoise à Leyde. 8. 1. vol. Amsterdam. 1765.
Instruction pastorale de Mr. *L'Evêque du Puy*, sur la prétendue philosophie des incrédules modernes. 12. 1. vol. Amsterdam. 1765.
Journal des Savans depuis son commencement en 1665 jusqu'en 1753, faisant 170. volumes 12. Amsterdam.
Table générale alphabétique du Journal des Savans depuis son commencement en 1665. jusqu'à l'Année 1753. inclusivement. 12. 2 vol. Amsterdam.
Journal des Scavans combiné avec les Mémoires de Trévoux depuis Janvier 1754. jusqu'en Décembre 1763. en 79 volumes, avec leur Table des Matieres.

CATALOGUE

Journal des Sçavans avec des Extraits des meilleurs Journaux de France & d'Angletterre suite des 170. vol. du Journal des Sçavans & des 79. vol. du même Journal combiné avec les Mémoires de Trévoux, 1764.

Offrande aux autels & à la patrie, contenant Défense du Christianisme ou réfutation du Chapitre huit du Contract Social, Examen historique des quatres Siécles de Mr. de Voltaire. Quels sont les moyens de tirer un Peuple de sa corruption, par *Jaq. Ant. Rouslan*, Ministre du Saint Evangile à Geneve. 8. 1. vol. Amsterdam. 1764.

République de Platon ou Dialogue sur la Justice divisé en dix Livres. 12. 2 vol. Amsterdam. 1763.

Histoire naturelle générale & particuliere avec la description du cabinet du Roi, par Mrs. De Buffon & d'Aubenton 4. 11 vol. figures Paris.

——— idem. On peut avoir les Tomes 10, 11 séparément.

——— idem. in-12. 15 vol. figures. On peut avoir les Tomes 14 & 15. séparément.

Tactique navale, ou Traité des Evolutions & Signaux, par Mr. De Morogues. 4. 1 vol. fig. Amsterdam 1764.

Histoire de Gustave-Adolphe Roi de Suede, composée sur tout ce qui a paru de plus curieux, & sur un grand nombre de Manuscripts, & principalement sur ceux de Mr. Arkenholtz, par Mr. D. M. Professeur &c. 4. 1 vol. Figures Amsterdam, 1764.

——— idem. 12. 4 vol. Figures. 1764.

Arithmetica universalis sive de compositione & resolutione arithmetica. Auctore Is. Newton. Cum commentario Johannis Castillionei, 4. 2 vol. *fig. Amstelodami*. 1761.

Additions à l'Essai sur l'Histoire universelle par Mr. de Voltaire. 8. 1 vol. Amsterdam. 1763.

Assertions (Extraits des) des Jésuites. 8. 3 vol. Amsterdam. 1763.

L'Homme en Société ou nouvelles vues politiques pour porter la population au plus haut degré en France, 8. 2 vol. Amsterdam. 1763.

La voix de la Nature ou les avantures de Madme. la Marquise de ***. 8. 5 part. Amsterdam 1764.

AVIS.

L'Auteur n'ayant pû suivre l'impression de ses feuilles, des fautes de copie dans le Manuscrit, des qui-pro-quo de l'imprimeur dans les renvois, ont rendu plusieurs endroits inintelligibles, sur-tout dans la quatrieme Lettre. Les corrections en seroient trop longues à indiquer, & le lecteur ne prendroit pas la peine de les faire. On se borne à marquer ici les plus faciles, sur des fautes qui font équivoques ou contre sens ; on néglige toutes les autres.

ERRATA

Pour l'édition des Lettres écrites de la Montagne par Mr. J. J. ROUSSEAU.

PREMIERE PARTIE.

Page 90, ligne 4. Certainement, lisez très certainement.
Page 140, ligne 2. tout émerveillés, lisez tout émerveillées.
Page 202, la ligne 10 & les deux suivantes ne doivent point être en italique, ni former un alinea, mais s'écrire à la suite des précédentes & du même caractere.
Page 208, ligne 9. Ce mot, dit-on, doit être en italique comme le reste de la ligne.
Page 244, ligne 3. l'a fait, lisez la fait.
Page 245, ligne 3. tel, lisez telle.
Page 262, ligne 3. passer, ajoutez une virgule.
Page 277, ligne 14. d'intérêt &, lisez d'intérêt ou.

SECONDE PARTIE.

Page 22, ligne 11. Otez le passage qui suit : Avant d'avoir assez affermi leur puissance ils voulurent usurper le droit de mettre des impôts ; & substituez-y celui-ci : Ils avoient doucement usurpé le droit de mettre des impôts ; mais avant d'avoir assez affermi leur puissance ils voulurent abuser de ce droit.

Page 52, ligne 1. pour ainsi, ajoutez dire.
Page 99, ligne 12. ne fut, lisez fut.

J. J. ROUSSEAU

LETTRES
ÉCRITES
DE
LA MONTAGNE

2ÈME PARTIE

www.ingramcontent.com/pod-product-compliance
Lightning Source LLC
Chambersburg PA
CBHW062021180426
43200CB00029B/2205